DAGBOEK VAN KEIZERIN
ALEXANDRA
HOE NEDERIGER DE MENS, DES TE GROTER IS DE VREDE IN ZIJN ZIEL

GLAGOSLAV PUBLICATIONS

UITGEVERIJ ORTHODOX LOGOS

DAGBOEK VAN KEIZERIN
ALEXANDRA

HOE NEDERIGER DE MENS, DES TE GROTER IS DE VREDE IN ZIJN ZIEL

Vertaling uit het Russisch - *Ineke Zijlstra*

Voorwoord van Aartspriester - *Artemi Vladimirov*

Vertaling uit het Engels - *Lilia Vasenina*

Redactie Russische tekst - *Vjatsjeslav Martsjenko*

Adviseurs - *Richard (Foma)Betts, Vladimir Legojda*

Opmaak - *Dmitri Rodionov*

© 2014, Stichting Orthodox Logos, Nederland
© 2014, Uitgeverij Glagoslav, Nederland

www.glagoslav.com

www.orthodoxlogos.com

ISBN: 978-94-91425-64-6
ISBN: 978-1-80484-071-9

Op dit boek rust copyright. Niets uit deze uitgave mag worden verveelvoudigd, opgeslagen in een geautomatiseerd gegevensbestand en/of openbaar gemaakt in enige vorm of op enige wijze, zonder voorafgaande schriftelijke toestemming van de uitgever, noch anderszins worden verspreid in een andere band of omslag dan die waarin het is gepubliceerd, zonder dat een soortgelijke voorwaarde, inclusief deze voorwaarde, aan de volgende afnemer wordt opgelegd.

Keizerin
Alexandra Fjodorovna Romanova

Geef Liefde

GLAGOSLAV PUBLICATIONS

UITGEVERIJ ORTHODOX LOGOS

Inhoud

Woord vooraf 7

Het huwelijk en het gezinsleven 11

Wijze Woorden 51

De Tuin Van Het Hart 89

Vorstin Alexandra Fjodorovna Romanova

Woord vooraf

Deze fragmenten uit de aantekeningen van keizerin Alexandra Fjodorovna zie ik als een openhartig getuigenis. Zo rijk het aantal geestelijke geschriften is dat vandaag de dag gewijd wordt aan het kloosterleven, zo pover is de lijst van werken die de moderne lezer bekend zouden kunnen maken met de christelijke inzichten over het huwelijksleven. Intussen kiezen de meeste christenen voor het kerkelijk huwelijk, door de heilige vaders 'De haven van eerbaarheid' genoemd.

We kunnen niet verhullen dat ons leven vervuld is van zorgen over ons dagelijks brood, dat beperktheid en zondigheid vaak een duidelijk stempel drukt op de verhouding tussen man en vrouw. Geleidelijk aan verschralen de gevoelens die verliefde mensen tot de meest gelukkige wezens op aarde maken, verbleekt het licht van offervaardigheid en ridderlijkheid, alledaagsheid maakt de omgang tussen echtgenoten kleurloos. Van tijd tot tijd voelen ze zich een sleper die zwoegend de trekschuit van het dagelijks bestaan voorttrekt. De ervaring van vorst Nicolaas en vorstin Alexandra was duidelijk heel anders. De aangeboren adeldom en de zuiverheid van gevoelens en intenties gingen samen met een bewuste en weloverwogen inspanning om het verbond te beschermen, dat tot een waar voorbeeld werd voor gezagsgetrouwe mensen. Doordat de levensweg in martelaarschap eindigde, werd dit voorbeeld voor eeuwig vastgelegd.

Voor ons is het van groot belang dat Alexandra Fjodorovna, toen ze *Home-Making* las, overschreef wat het meest overeenkwam met haar eigen ervaring als echtgenote. Blijkbaar had ze meerdere geschriften bij de hand, verschillend van genre en inhoud. Filosofische beschouwingen, huwelijksethiek, poëzie, spirituele teksten, het was voor haar allemaal voeding voor contemplatie. Waarschijnlijk waren lang niet alle door haar geciteerde schrijvers Orthodox, maar de tsarina was in staat teder en oprecht lief te hebben. Met christelijke wijsheid en bedachtzaamheid diepte ze die parels aan morele wijsheid en aforismen op, die haar vrouwelijke hart het meest aanspraken.

De innerlijke kracht van de gepubliceerde aantekeningen ligt in het deugdzame beeld van een godvruchtig leven, geheel en al gewijd aan het gezinsideaal van de tsarina. Dat is precies waardoor de onderstaande citaten een rust en een alles overwinnende oprechtheid en hemelse schoonheid ademen! Nu in onze tijd gewone, algemeen menselijke begrippen als schuld, eer, geweten, verantwoordelijkheid en geloofwaardigheid niet meer voor zichzelf spreken en nu, zoals het evangelie van Mattheus zegt *"de wetsverachting toeneemt, waardoor de liefde in velen verkilt,"*(Matth.24:12), kan het lezen van deze teksten een ervaring van geestelijke orde blijken. De adviezen en waarschuwingen voor gehuwden, de gedachten over ware en ingebeelde liefde, beschouwingen over de relatie met naaste familie, getuigenissen van de bepalende betekenis van de huiselijke sfeer en van het interieur op de morele ontwikkeling van de persoonlijkheid van het kind, het is een greep uit de lijst van ethische vraagstukken die de tsarina aansnijdt. Hoe vaak je het materiaal ook doorleest, elke keer vind je weer iets nieuws, dat je net op die dag of dat moment nodig hebt, want het huwelijksleven doet een beroep op het inzetten van alle creatieve krachten. De tsarina helpt ons met nieuwe ogen te kijken naar het door God ingestelde huwelijk, om dit geschenk in het licht van de liefde van Christus te zien, om zo elkaar tot eer van God in alle redelijkheid te dienen. Lezers met een goed en welwillend hart, zachtmoedig en stil van aard, worden gesterkt in bovengenoemde deugden, maar hij, wiens stenen en ongevoelige hart allang vergeten is wat tederheid en toegeeflijkheid, geduld en onbezorgdheid is, die niet in staat is te streven naar een verandering ten goede, zal zich zijn eerste liefde herinneren en berouw hebben. Terwijl de maatschappelijke fundamenten instorten en de mensen zuchten onder de last van hun eigen normloosheid, geloven wij dat deze geschriften velen de ogen zal openen voor de deugden van het huwelijk en anderen zal behoeden voor misstappen waarvoor men vervolgens lang en bitter zou moeten betalen.

'Wie dan één van de kleinste dezer geboden ontbindt en de mensen zo leert, zal zeer klein heten in het Koninkrijk der hemelen, doch wie ze doet en leert zal groot heten in het Koninkrijk der hemelen.' (Matt. 5: 19) Dit laatste is duidelijk in vervulling gegaan voor de soevereine vorstin van Rusland. Heilige grootmartelares keizerin Alexandra, bid voor ons!

door Aartspriester Artemis Vladimirov,
prior van de Allerheiligenkerk van Krasnoje Selo in Moskou

Nicolaas II en Alexandra Fjodorovna Romanova

Het huwelijk en het gezinsleven

*Kroonprins Nicolaas Alexandrovitsj
met zijn bruid, prinses Alix van Hessen, 1894*

Het doel van het huwelijk is vreugde te brengen. Dat betekent dat het huwelijksleven het meest gelukkige, complete, zuivere en rijke leven is. Het is Gods ideaal van het volmaakte.

Het Goddelijk plan was dat het huwelijk geluk zou brengen, om het leven van zowel de man als de vrouw compleet te maken, dat niet één van hen zou verliezen, maar dat ze beiden zouden winnen. Als het geen gelukkig huwelijk wordt en leven niet rijker wordt, dan is dat niet te wijten aan de huwelijksgeloften, maar aan de mensen die ze aflegden.

Het huwelijk is een instelling van God. Het was een deel van het Goddelijk plan toen Hij de mens schiep. Het is de nauwste en heiligste band op aarde.

Na de huwelijkssluiting zijn de eerste en belangrijkste plichten van de man die tegenover zijn vrouw en van de vrouw die tegenover haar man. Ze moeten voor elkaar leven, hun leven voor elkaar geven. Voor het huwelijk waren ze allebei incompleet. Het huwelijk is de vereniging van twee helften tot een geheel. Tot het eind van zijn leven draagt ieder een heilige verantwoordelijkheid voor het geluk en hoger welzijn van de ander.

De huwelijksdag moet altijd herdacht worden en een speciale plaats krijgen tussen de andere belangrijke dagen in het leven. Het licht van die dag zal tot het einde van het leven alle andere dagen verlichten. De vreugde van de huwelijkssluiting is niet uitbundig, maar diep en rustig. Wanneer bij het huwelijksaltaar de handen gevouwen worden en de heilige antwoorden klinken, knielen de engelen en zingen zacht hun lied en daarna beschermen ze het gelukkige paar met hun vleugels, wanneer zij hun gezamenlijke levensreis beginnen.

Door toedoen van de gehuwden, van beide of een van beide, kan het huwelijksleven ongelukkig worden. De mogelijkheden om gelukkig te zijn in het huwelijk zijn groot, maar men moet niet vergeten dat het huwelijk ook een fiasco kan worden. Alleen door een goed en wijs huwelijksleven kan de ideale huwelijksrelatie bereikt worden.

De eerste les die geleerd en geoefend moet worden, is geduldig zijn. In het begin van het samenleven komen aard, karakter en temperament aan het licht, evenals onvolkomenheden en eigenaardige gewoonten en voorkeuren, waarvan de wederhelft zelfs geen vermoeden had. Soms lijkt het onmogelijk elkaar te verdragen en komen er eindeloze en wanhopige conflicten, maar geduld en liefde overwinnen alles en twee levens smelten samen tot één, mooier, sterker, completer en rijker leven dat in vrede en rust verloopt. De onzelfzuchtige liefde is hierin een plicht. Ieder moet zijn 'ik' vergeten en zich aan de ander wijden. Ieder moet wanneer er iets niet goed gaat de schuld bij zichzelf zoeken en niet bij de ander. Geduld en zelfbeheersing zijn onmisbaar, ongeduld kan immers alles bederven. Een scherp woord kan het proces van naar elkaar toe groeien voor maanden vertragen. Aan beide kanten moet het verlangen er zijn om het huwelijk gelukkig te maken en alles wat dat in de weg staat te overwinnen. De sterkste liefde heeft de dagelijkse bevestiging het meest nodig. Juist in ons eigen huis, tegenover degene die we liefhebben, is lompheid het meest onvergeeflijk.

Een ander geheim van een gelukkig huwelijksleven is de aandacht voor elkaar. Man en vrouw moeten elkaar voortdurend aandacht en tedere liefde geven. Levensgeluk wordt gevormd door afzonderlijke minuten, door de kleine, gemakkelijk vergeten genoegens van een kus, een glimlach, een vriendelijke blik, een welgemeend compliment en ontelbaar kleine maar goede gedachten en oprechte gevoelens. Ook liefde kan niet zonder dagelijks brood.

Ook een belangrijk element van het huwelijksleven is het hebben van belangstelling voor elkaar. Hoe intelligent en aanzienlijk een man ook mag zijn, de zorgen van zijn vrouw mogen voor hem niet onbelangrijk zijn. Aan de andere kant zal iedere wijze en trouwe vrouw bereid zijn belangstelling te tonen voor de zaken van haar man. Zij wil alles weten van zijn nieuwe plannen, welke van zijn ondernemingen geslaagd zijn en welke niet, ze wil op de hoogte zijn van zijn dagelijkse bezigheden. In hun harten delen ze lief en leed. Alles in hun beider leven delen ze. Ze moeten samen naar de kerk gaan, naast elkaar bidden, samen de last van hun zorgen over de kinderen en alles wat hun dierbaar is aan de voeten van de Heer leggen. Waarom zouden ze niet met elkaar praten over hun aanvechtingen, hun heimelijke verlangens, en elkaar

*De toekomstige vorst Nicolaas II
en de toekomstige vorstin Alexandra, 1894*

niet helpen met medegevoel en opbouwende woorden? Alleen zo leven ze één leven en niet twee. In ieders plan en verwachting is de ander opgenomen. Er moet geen enkel geheim voor elkaar bestaan. De vrienden die ze hebben zijn gemeenschappelijke vrienden. Zo smelten twee levens tot één en delen ze gedachten, verlangens, gevoelens, vreugde en verdriet, genoegen en pijn.

Waak voor het kleinste begin van onbegrip en vervreemding. Door een onvoorzichtig, onverstandig woord uit te spreken in plaats van het binnen te houden, komt er in het geheel van twee samengegroeide harten een barst, die groeit en groeit tot blijkt dat ze voor altijd van elkaar losgescheurd zijn. Hebt u te snel gesproken? Vraag onmiddellijk vergeving. Rees er een misverstand? Het maakt niet uit wiens schuld het was, maar laat het niet lang tussen u blijven bestaan.

Vermijd ruzie. Ga niet slapen wanneer er nog gevoelens van boosheid tussen u bestaan. In het huwelijksleven moet geen plaats zijn voor trots. Koester nooit uw gekwetste trots of ga niet precies uitzoeken wie vergeving moet vragen. Ware liefde houdt zich niet met zulke haarkloverij bezig, zij maakt altijd bereid aan de kant te gaan en te vergeven.

Zonder de zegen van God zullen alle felicitaties en goede wensen van vrienden holle woorden zijn. Zonder Zijn dagelijkse zegen van het leven van alledag kan zelfs de tederste en puurste liefde niet alles geven wat een verlangend hart nodig heeft. Zonder de Hemelse zegen kan alles wat in

Het huwelijk en het gezinsleven

het gezinsleven mooi, vreugdevol en van waarde is op ieder moment vernietigd worden.

Ieder lid van het gezin moet deelnemen in de huishoudelijke taken en het hoogste huiselijk geluk kan bereikt worden wanneer ieder zijn plichten zorgvuldig nakomt.

Er is een woord dat alles omvat, dat is het woord 'liefde'. In het woord liefde zijn alle gedachten over leven en plicht omschreven en wanneer we het ernstig en aandachtig bestuderen, wordt elk ervan helder en duidelijk.

Wanneer de schoonheid van het gezicht verwelkt, de schittering van de ogen dooft en met het ouder worden de rimpels verschijnen of ziekte, zorgen en verdriet hun sporen achterlaten, dan moet de liefde van een trouwe echtgenoot even diep en zuiver blijven als vroeger. Er is op aarde geen maat waarmee de diepte van Christus liefde voor Zijn kerk gemeten kan worden en geen sterveling is in staat met dezelfde diepte lief te hebben. Toch is iedere echtgenoot verplicht dat te doen, voor zover die liefde op aarde herhaald kan worden. Geen offer kan hem te groot zijn voor zijn geliefde.

Het is iets heiligs, iets wat een bijna eerbiedige vrees in ons wekt, wanneer een vrouw die in het huwelijk treedt al haar belangen wijdt aan hem die ze tot man genomen heeft. Zij verlaat het huis van haar jeugd, haar vader en haar moeder, verbreekt alle draden die haar binden aan haar vroegere leven. Ze laat alle vermaak waar ze toen gewoon aan was, achter zich. Ze kijkt naar het gezicht van hem die haar vroeg zijn vrouw te worden en met bevend hart, maar ook met een rustig vertrouwen, legt zij haar leven in zijn handen. En de man voelt dat vertrouwen en dat maakt hem blij. Dat schept een levenslang geluk in het menselijk hart, dat tot onuitsprekelijke vreugde en onmetelijk lijden in staat is.

De vrouw geeft zich totaal, in de volle betekenis van het woord, aan haar man. Voor iedere man is dat een plechtig moment: verantwoordelijkheid te nemen voor een jong en teer leven, dat zich aan hem toevertrouwt en haar te koesteren, beschermen en behoeden zolang de dood zijn oogappel niet uit zijn handen rukt of hemzelf niet treft.

De liefde vereist bijzondere fijngevoeligheid. Men kan oprecht en toegewijd zijn en toch in woorden en daden tekortschieten in de tederheid die het hart bekoort. Een goede raad: laat uw slechte humeur en gekrenkte gevoelens niet merken, spreek geen boze woorden, gedraag u niet onhebbelijk. Geen vrouw ter wereld zal zoveel last hebben van scherpe of ondoordachte woorden die u ontglippen, als uw eigen vrouw. En waak boven alles ervoor juist háár te kwetsen. Liefde is geen vrijbrief voor lomp gedrag jegens degene die u liefhebt. Hoe inniger de verhouding, des te pijnlijker voor het hart is een blik, een toon, gebaar of woord dat getuigt van korzeligheid of gewoon ondoordachtheid.

Het huwelijk en het gezinsleven • 19

*Kroonprins Nicolaas Alexandrovitsj
en prinses Alice van Hessen op de dag van hun verloving.
Coburg, 1894*

∞

Iedere vrouw moet weten dat ze in ontreddering en moeilijkheden altijd een veilig en stil onderkomen vindt in de liefde van haar man. Ze moet weten dat hij haar zal helpen, fijngevoelig met haar om zal gaan en haar met al zijn kracht zal beschermen. Ze zal nooit hoeven te twijfelen aan zijn meeleven als ze problemen heeft. Ze zal nooit bang hoeven te zijn kilheid en verwijten te ontmoeten wanneer ze bescherming bij hem zoekt.

Als de één gerespecteerd wordt, dan zal de ander zelf meegroeien, zo niet, dan voelt ook de ander zich vernederd.

De man moet in al zijn zaken overleggen met zijn vrouw, haar al zijn plannen toevertrouwen. Misschien heeft ze niet zoveel verstand van zaken als hij, maar mogelijk kan ze veel waardevolle ideeën aandragen, omdat de vrouwelijke intuïtie nu eenmaal sneller werkt dan de mannelijke logica. Maar zelfs wanneer de vrouw haar man geen hulp kan bieden, is het nog zo dat ze uit liefde voor hem een diepe interesse in zijn zorgen heeft. Ze zal blij zijn dat hij haar om raad vraagt en zo zullen ze nog dichter naar elkaar toe groeien. Als het een goede dag was, zal ze delen in zijn vreugde, als het een onfortuinlijke dag was dan helpt ze hem als een trouwe echtgenote over de onaangenaamheden heen te komen en beurt ze hem op. Het moet zo zijn dat, door de liefde geïnspireerd, de handen van de man alles kunnen maken. Het moet zo zijn dat iedere liefhebbende man een groot hart bezit. Veel mensen die lijden moeten hulp vinden in het ware gezin. Iedere man van een christenvrouw moet één zijn met haar in de liefde van Christus. Uit liefde voor haar ondergaat hij de beproevingen in het

Het huwelijk en het gezinsleven • 21

*De vorst en vorstin met hun oudste dochtertje Olga Nikolaevna.
Sint-Petersburg, 1896*

geloof. Wanneer hij deelt in haar leven, dat vervuld is van geloof en gebeden, is ook zijn leven verbonden met de Hemel. Verbonden door een gezamenlijk geloof in Christus, waarin hun liefde voor elkaar omgesmolten wordt tot een liefde voor Christus, zullen ze in de Hemel voor eeuwig verenigd zijn. Waarvoor zouden harten op aarde jaren verspillen om één te worden, hun levens samen te vlechten, hun zielen samen te voegen tot een verbond, als dat alleen tot het graf voert? Waarom niet meteen tot de Hemel gestreefd?

Niet alleen het levensgeluk van de man hangt van de vrouw af, maar ook de ontwikkeling en groei van zijn karakter. Een goede vrouw is een hemelse zegen, het beste geschenk voor een man, zijn engel en bron van talloze weldaden: haar stem is voor hem als de zoetste muziek, haar glimlach verlicht zijn dag, haar kus is de hoedster van zijn trouw, haar handen zijn balsem voor zijn gezondheid en haar werklust de garantie voor zijn voorspoed, haar zuinigheid zijn meest betrouwbare beheerster, haar lippen zijn beste raadgever en haar borsten het zachtste kussen dat al zijn zorgen doet vergeten en haar gebeden zijn zijn advocaat voor God.

Een goede echtgenote hoeft niet de droom van een dichter te zijn, geen mooi plaatje, geen etherisch schepseltje dat je nauwelijks durft aan te raken, maar ze is een gezonde, sterke, praktische vrouw, die in staat is de huiselijke verplichtingen na te komen en gekroond is met een schoonheid die de ziel een hoger en beter doel geeft.

De eerste eis waaraan een vrouw moet voldoen is dat ze betrouwbaar is. Betrouwbaar in de breedste zin van het woord. Het hart van haar man moet zonder terughoudendheid op haar vertrouwen. Volkomen vertrouwen is de basis voor de ware liefde. Een schaduw van twijfel maakt de harmonie van het huwelijksleven al kapot. De ware echtgenote bewijst door haar karakter dat zij het vertrouwen van haar man waard is. Hij is overtuigd van haar liefde, hij weet dat ze ongeveinsd zijn belangen ondersteunt. Het is erg belangrijk dat de man erop kan vertrouwen dat zijn vrouw het huishouden trouw bestuurt en dat thuis alles in orde is. Maar al te vaak werd huwelijksgeluk kapotgemaakt door verspilling en uitspattingen van de vrouw.

Elke goede echtgenote is doordrongen van de belangen van haar echtgenoot. Wanneer hij het moeilijk heeft, probeert ze hem op te beuren met haar meeleven en haar blijken van liefde. Ze ondersteunt enthousiast zijn plannen. Ze is geen blok aan zijn been. Ze geeft hem de kracht om te doen wat het beste is. Niet iedere vrouw is een zegen voor haar man. Soms is een vrouw te vergelijken met een klimplant die zich om een machtige eik haar man slingert.

Een goede vrouw tilt het leven van haar man naar een hoger plan, maakt het betekenisvoller door de grote macht van haar liefde aan te wenden voor hogere doelen. Wanneer ze zich vol vertrouwen en liefdevol tegen hem aanvlijt, wekt ze in hem de rijkste en edelste karaktertrekken. Ze stimuleert zijn moed en verantwoordelijkheidsgevoel. Ze maakt zijn leven mooi en verzacht zijn onvriendelijke en ruwe gewoonten, als hij die heeft.

Maar er zijn ook echtgenotes die zich als parasieten vastklampen. Zelf geven ze niets, ze bieden nooit de helpende hand. Ze vlijen zich op hun divans, slenteren over straat, dromen boven sentimentele romannetjes en zitten in de salons te roddelen.

Ze zijn van geen enkel nut en worden zo een last voor de meest tedere liefde. In plaats van het leven van hun man sterker, rijker en gelukkiger te maken, staan ze zijn succes in de weg. De gevolgen voor henzelf blijken even deerniswekkend. Een goede echtgenote drukt zich tegen haar man aan en klampt zich aan hem vast, maar helpt hem ook en inspireert hem. Haar man voelt op alle terreinen van zijn leven hoe haar liefde hem ondersteunt. Een goede vrouw is de bewaarster van zijn huis en zijn haard.

Sommige vrouwen dromen alleen maar over romantische idealen, maar ze verwaarlozen hun dagelijkse plichten en versterken daardoor niet het huiselijk geluk. Het komt veel voor dat de meest tedere liefde wegkwijnt en de oorzaak daarvan is vaak gelegen in wanordelijkheid en achteloosheid, in verzuim en slecht beheer van het huishouden.

Vrouwen zijn met talenten toebedeeld als bewogenheid, fijngevoeligheid en het vermogen te inspireren. Dat maakt hen tot afgezant van Christus met de opdracht het menselijk lijden en verdriet te verlichten.

Het huwelijk en het gezinsleven • 25

De tsaar en tsarina met hun dochtertjes

Iedere vrouw heeft als belangrijkste taak het huishouden en besturen van haar huis. Ze moet royaal en goedhartig zijn. Een vrouw wier hart niet ontroerd wordt bij het zien van leed, die niet probeert te helpen wanneer dat in haar macht ligt, ontbeert een van de belangrijkste vrouwelijke kwaliteiten die tot de kern van het vrouwelijk wezen behoren. Een goede vrouw deelt in de last van de zorgen van haar man. Wat voor dag een man ook gehad heeft, wanneer hij thuiskomt, moet hij in een sfeer van liefde terechtkomen. Vrienden kunnen hem in de steek laten, maar de toewijding van zijn vrouw moet onwankelbaar zijn. Wanneer de duisternis zijn intrede doet en tegenslag de man omringt, zijn de toegewijde ogen van zijn vrouw als sterren van hoop, die schitteren in het donker. Wanneer hij terneergeslagen is, helpt haar glimlach hem nieuwe krachten te verzamelen, zoals een zonnestraal een verwaaide bloem weer opricht.

> *Met enkel stilte als Gods zegen*
> *Dalen engelen neer naar het hart,*
> *Dat in het duister is gelegen*
> *En wordt verteerd door smart.*

Terwijl kennis de kracht van de man is, is zachtheid de kracht van de vrouw. De Hemel zegent altijd het huis van de vrouw die het goede zoekt. Een goede vrouw heeft het volste vertrouwen in haar man Ze verbergt niets voor hem. Ze luistert niet naar bewonderende woorden van anderen als ze die niet aan hem kan doorgeven. Ze deelt met hem elk gevoel, alle

Het huwelijk en het gezinsleven

hoop, ieder verlangen, alle vreugde en verdriet. Als ze teleurgesteld is of gekwetst, kan de verleiding groot zijn haar hart uit te storten bij intieme vrienden en daar meeleven te zoeken. Niets is zo fataal als dat, voor het herstel van vreugde en geluk in haar huis, maar ook voor haarzelf. Verdriet waarover geklaagd wordt bij buitenstaanders, laat open wonden achter. Een wijze vrouw deelt met niemand haar verborgen ellende, behalve met haar bisschop, omdat alleen hij met geduld en liefde alle wrijving en onenigheid kan wegnemen.

De liefde onthult in een vrouw veel dat voor de ogen van anderen onzichtbaar is. De liefde werpt een sluier over haar onvolkomenheden en verandert zelfs haar minst mooie trekken.

Naarmate met het verstrijken der jaren, door moeite en zorgen de charme van de fysieke schoonheid verdwijnt, moet de schoonheid van de ziel steeds meer stralen en de plaats innemen van de verloren begeerlijkheid. De vrouw moet er zoveel mogelijk aan gelegen zijn haar man te behagen en niemand anders. Ook als ze met zijn tweeën zijn moet ze er goed en verzorgd uitzien. In plaats van in gezelschap levendig en aantrekkelijk te zijn en daarna, als iedereen vertrokken is, in melancholie en zwijgzaamheid weg te zinken, moet de vrouw vrolijk en charmant blijven, ook wanneer ze samen met haar man in het stil geworden huis achterblijft. Zowel de man als de vrouw moeten elkaar het beste van zichzelf geven. Haar warme belangstelling voor al zijn zaken en haar wijze raad op elke vraag geeft hem kracht voor het vervullen van zijn dagelijkse plichten en moed voor welke strijd dan ook. Maar voor de wijsheid en kracht die de vrouw nodig heeft voor het vervullen van haar heilige plichten kunnen vrouwen zich enkel tot God wenden.

Niets is sterker dan het gevoel dat over ons komt wanneer we onze kinderen in onze armen houden. Hun hulpeloosheid haalt het mooiste in onze harten naar boven. Hun onschuld is een reinigende kracht. Met de komst van het eerste kind wordt ook het huwelijk opnieuw geboren. Het kind brengt het echtpaar dichter bij elkaar dan ooit tevoren. In hun harten worden snaren geraakt die eerder onberoerd bleven. Het jonge paar komt voor nieuwe doelen te staan, er komen nieuwe verlangens naar boven. Het leven krijgt meteen een nieuwe en diepere betekenis.

In hun armen is een heilige last gelegd, een onsterfelijk leven dat zij moeten bewaren, en in de ouders roept dat verantwoordelijkheidsgevoel op en het maakt hen bedachtzaam.

Het 'ik' is niet langer het middelpunt van de wereld. Ze hebben een nieuw doel in hun leven, groot genoeg om hun hele leven mee te vullen.

"Kinderen zijn gezondenen van God, die Hij ons dag aan dag stuurt, om over liefde, vrede en hoop te spreken!"

Het huwelijk en het gezinsleven

Kroonprins Alexei met zijn ouders, 1907

Natuurlijk komen er met kinderen ook veel zorgen en moeite. Daardoor zijn er ook mensen die de komst van een kind zien als een ongeluk dat hen overkomt. Maar alleen koude egoïsten kunnen zo naar kinderen kijken.

In wat voor wereld leefden wij,
Als daar geen kinderen speelden?
Achter ons gaapte een woestenij,
Een duistere toekomst zou ons deel zijn.

Wat bladeren geven aan het woud,
Door lucht en licht gevoed,
Voor het verhardt, verdicht tot hout,
Stromen hun sappen puur en zoet,

Dat geven kinderen aan deze aarde,
Zodat een gloed daarover strijkt,
Warmte, een mooi en zonniger klimaat,
Die de stam beneden niet bereikt.

Het is geen geringe zaak, de verantwoordelijkheid te nemen voor jonge tere levens, die de wereld met hun schoonheid, vreugde en kracht kunnen verrijken, maar die ook zo gemakkelijk wegteren. Het is geen geringe zaak ze te verzorgen, hun karakter te vormen. Het is belangrijk ook daaraan te denken bij de inrichting van het huis. Het huis

*Erfgenaam Alexei Nikolaevitsj
aan boord van het jacht de Standart, 1907*

moet een plaats zijn waarin kinderen kunnen groeien tot een waarachtig en gezegend leven voor God.

Wanneer iemand een kind verliest kan zelfs alle rijkdom op aarde de weelde van dat kind niet vervangen. Sommige dingen geeft God vaak, andere maar één keer. De seizoenen gaan voorbij en komen terug, maar de jeugd komt nooit voor een tweede maal. De kindertijd met al haar mogelijkheden komt maar eens. Alles wat gedaan kan worden om haar mooi te maken, moet snel gedaan worden.

Het centrum in het leven van ieder mens behoort zijn huis te zijn. Dat is de plaats waar zijn kinderen opgroeien, waar ze fysiek groot, gezond en sterk worden en waar ze ook alles in zich opnemen dat hen tot mooie en echte mannen en vrouwen maakt. In het huis waar kinderen opgroeien heeft alles wat hen omringt en alles wat er gebeurt invloed op hen en de kleinste kleinigheid kan een opbouwend of schadelijk effect hebben. Ook de natuur om hen heen vormt hun karakter. Al het moois dat kinderogen zien laat zijn sporen na in hun gevoelige harten. Waar een kind ook opgroeit, de indrukken die het opdoet hebben weerslag op zijn karakter. Voor zover onze middelen dat toelaten moeten we de kamers waarin onze kinderen slapen, spelen en leven, zo mooi mogelijk maken. Kinderen houden van schilderijen en wanneer de schilderijen in huis zuiver en goed zijn, zullen ze grote invloed op ze hebben en hun smaak verfijnen. Maar ook het huis zelf, schoon, smaakvol en eenvoudig ingericht, met een prettige omgeving, is van onschatbare waarde voor de vorming van een kind.

Het huwelijk en het gezinsleven

Het is een kunst om samen te leven en elkaar teder lief te hebben. Dat behoort bij de ouders zelf te beginnen. Elk huis lijkt op zijn schepper. De inrichting van iemand met een verfijnde natuur zal gedistingeerd zijn, evenals een grof iemand zijn huis inricht naar zijn aard.

Er kan geen diepe en ware liefde zijn waar egoïsme regeert. Ware liefde is ware zelfverloochening.

Ouders moeten het gedrag vertonen dat ze van hun kinderen willen zien. Dat wat ze hun kinderen willen leren moeten ze voorleven.

Een ander belangrijk element in het gezinsleven zijn liefdevolle verhoudingen: niet alleen liefde, maar vooral het bouwen aan en onderhouden van liefde in het gezinsleven van alledag in woorden en in gedrag.

Vriendelijkheid in huis is niet zomaar een vorm, maar moet oprecht en wezenlijk zijn. Zoals planten behoefte hebben aan lucht en zonlicht, zo kunnen kinderen niet zonder vreugde en geluk.

De rijkste erfenis die ouders hun kinderen kunnen nalaten is een gelukkige jeugd, met tedere herinneringen aan hun vader en moeder. Wanneer de kinderen het ouderlijk huis verlaten, werpt die kindertijd een licht over hun toekomst, zal hen bewaren voor verleidingen en hen voorthelpen in het harde dagelijks bestaan.

"Laat uw huis zijn als een tuin
Waar vreugde klinkt in kinderstemmen
En de kindertijd vol van geluk is."

Moge God iedere moeder helpen om de grootheid en de eer van de taak waar zij voor gesteld is te begrijpen, wanneer zij een baby in haar armen houdt die ze moet verzorgen en grootbrengen. Wat betreft de kinderen, het is de plicht van de ouders ze voor te bereiden op het leven, op iedere beproeving van Godswege.

Wees toegewijd. Neem met eerbied uw heilige last op u. De meest hechte banden zijn de banden die het hart met het echte thuis verbinden. Daar heeft ook het kleinste kind een stem. De komst van een kind beïnvloedt de hele gang van zaken in het gezin. Een huis, hoe eenvoudig en klein het ook is, behoort voor ieder lid van het gezin het kostbaarste plekje op aarde te zijn. Het behoort gevuld te zijn met zoveel liefde en geluk dat, in hoeveel oorden iemand ook rondgezworven heeft en hoeveel jaren er ook verstreken mogen zijn, het hart van zo iemand nog altijd naar het ouderlijk huis trekt. In alle beproevingen en onheil is het ouderlijk huis een toevlucht voor de ziel.

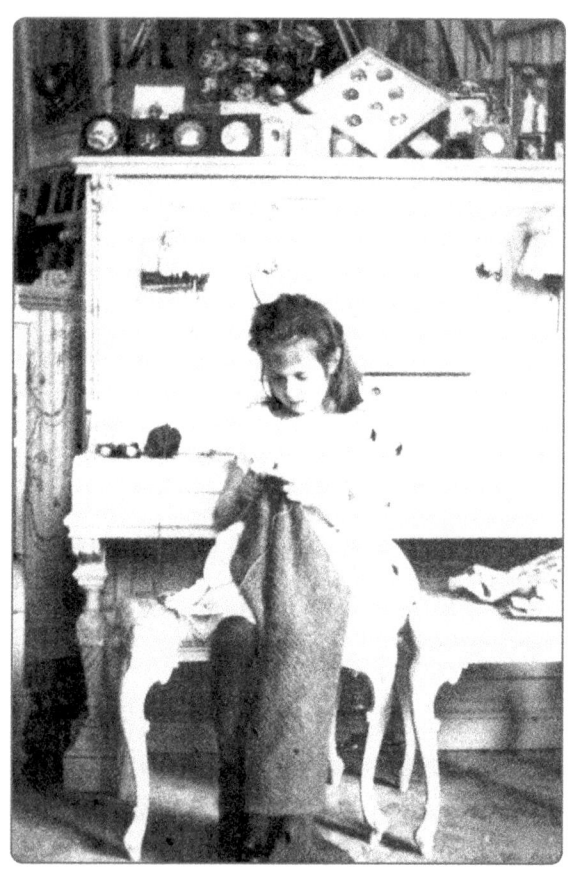

Grootvorstin Anastasia Nikolaevna aan het werk

Kracht is de basis voor moed, maar moed kan alleen tot echte manhaftigheid groeien, wanneer de ongebondenheid opzij gezet wordt en hoe meer de ongebondenheid verdwijnt, des te sterker treedt de manhaftigheid naar voren. Niets ter wereld is meer passend voor een man dan wanneer hij in de bloei van zijn leven, als een klein kind liefdevol voor zijn zwakke ouders knielt en hen eerbied betoont.

Wij weten dat, wanneer Hij onze gebeden niet verhoort, dat verhoring niet goed voor ons geweest was; wanneer Hij ons niet op de weg leidt die wij voor onszelf bepaald hadden, dan is het juist wat Hij doet. Wanneer Hij ons straft en ons corrigeert, dan doet Hij dat uit liefde. Wij weten dat Hij alles doet tot ons heil.

De ziel schrijft zijn geschiedenis op het lichaam.

Zolang ouders leven blijft een kind altijd het kind en moet hij zijn ouders met liefde en respect behandelen. De liefde van kinderen voor hun ouders komt tot uiting in het volledige vertrouwen dat hij in hen heeft. Voor een goede moeder is alles wat haar kind interesseert belangrijk. Ze luistert met evenveel plezier naar zijn avonturen en zijn tegenslagen en vrolijke verhalen, zijn prestaties, plannen en fantasieën, als andere mensen naar een of andere romantische geschiedenis.

Het huwelijk en het gezinsleven

Kinderen behoren zelfverloochening te leren. Ze hoeven niet alles te krijgen wat hun hartje begeert. Ze moeten leren afstand te doen van hun eigen wensen ten behoeve van andere mensen. Ze moeten leren zorgzaam te zijn. Een zorgeloos mens veroorzaakt altijd pijn en ellende, onbedoeld maar gewoon door achteloosheid. Zorgzaamheid zit vaak in kleine dingen: een bemoedigend woord wanneer iemand in moeilijkheden zit, wat tederheid, wanneer een ander er treurig uitziet, of door iemand te hulp te komen wanneer hij vermoeid is. Kinderen moeten leren hun ouders en elkaar tot nut te zijn. Ze kunnen dat doen door niet onnodig aandacht te vragen, anderen geen last en onrust te bezorgen door hun gedrag. Zodra ze een beetje groter geworden zijn, horen ze te leren zich te gedragen, zich te redden zonder hulp van anderen, om sterk en zelfstandig te worden.

Soms maken ouders de fout overdreven ongerust te zijn of onophoudelijk met irritante terechtwijzingen te komen, maar een zoon of dochter moet zien dat aan die overdreven bezorgdheid een diepe zorgzaamheid voor hen ten grondslag ligt. Een nobel leven, een sterk, eerlijk, serieus, Godwelgevallig karakter is de mooiste beloning voor ouders voor de uitputtende jaren van zelfopofferende liefde. Laat kinderen zo leven dat ouders wanneer ze oud zijn geworden trots op hen kunnen zijn. Laat de jaren van ouderdom kinderen met tederheid en goedhartigheid vullen.

Tussen broers en zussen moet een sterke en liefdevolle vriendschap zijn. In ons hart moeten we alles wat mooi, zuiver en heilig is bewaren. Ouders moeten in hun huis werken aan vriendschappelijke banden die sterk, zuiver en hartelijk zijn, en zo de zielen helpen naar elkaar toe te groeien. Nergens is de vriendschap zuiverder, rijker en vruchtbaarder dan in het gezin, wanneer de ontwikkeling van die vriendschap geleid wordt. Een jongeman moet tegenover zijn zuster beleefder zijn dan tegenover iedere andere jonge vrouw en voor een jonge vrouw is, zolang ze niet getrouwd is, haar broer de voor haar meest nabije mens op aarde. Ze moeten elkaar behoeden voor gevaren en bedrieglijke en verderfelijke wegen. Boven ieder van ons zweeft altijd een onzichtbare beschermengel.

Zeg mij vader, wat is leven?
Dat is een gevecht mijn kind,
Waarin de sterkste lans het kan begeven
En die het scherpste oog verblindt.
Waar het dapperst hart versaagt
En zonder rust bij dag of nacht
Van alle kant de vijand je belaagt.
Waar zelfs de kleinste ziel met weinig kracht
Naar overwinning dient te streven.

Voor ieder jong mens is het leven moeilijk. Wanneer hij het leven binnentreedt heeft hij de steun nodig van iedereen die hem liefheeft, evenals de hulp en de gebeden van zijn vrienden. Menig jongmens gaat in de strijd van het leven ten onder, doordat het hem aan liefdevolle steun ontbrak. Maar zij die overwinnen, hebben die overwinning vaak te danken aan de liefde van trouwe harten, die hen in het uur van de

Tsarina Alexandra Fjodorovna, kroonprins Alexei en de grootvorstinnen Anastasia en Maria

strijd moed en hoop geven. In deze wereld is het onmogelijk de waarde van echte vriendschap volledig te kennen.

De invloed van een toegewijde zus op haar broer kan zo sterk zijn, dat die hem als een vinger van God zal leiden op de ware levensweg. Laat hem in uw eigen huis, op uw eigen manier de verheven schoonheid zien van zuivere vrouwelijkheid. Streef naar alles wat teer, zuiver en heilig is in het Goddelijk ideaal van de vrouw, wees een toonbeeld van deugdzaamheid en maak de deugd zo aantrekkelijk, dat hij voor altijd een afkeer krijgt van slechte daden. Toon hem een zuivere ziel, een edele geest en een goddelijke vreugde, die zo sterk is dat die stralenkrans hem altijd zal bewaren en als een beschermende wolk, als een beschermengel boven zijn hoofd zweeft in een eeuwigdurende zegening.

Iedere vrouw moet met de hulp van God streven naar volmaaktheid. Wanneer uw broer in verleiding komt, zal voor zijn ogen het beeld oprijzen van uw liefde en zuiverheid, zodat hij zich vol afkeer zal afwenden van zijn verleidster. De vrouw is voor hem het onderwerp van achting of van minachting. Dit hangt af van wat hij in de ziel van zijn zuster gezien heeft. Daarom moet zij ernaar streven de liefde en achting van haar broer te verwerven. Ze kan geen groter schade aanrichten dan door hem wijs te maken dat alle vrouwen harteloos en lichtzinnig zijn en enkel naar pleziertjes hunkeren en verlangen door hem in vervoering gebracht te worden. Maar broers moeten op hun beurt hun zusters beschermen.

Het huwelijk en het gezinsleven

*Kroonprins Alexei en zijn zussen Olga
en Tatjana in verpleegstersuniform*

De kracht van goed en kwaad is ongekend
Ons leven wordt beheerst door een van beide.
Bedenk dat soms uw ijdel woord een leven schendt
Of dat een blik uw naaste kan bevrijden.

De grote daden, woorden ooit gesproken,
Die tellen niet, maar wel vergeten en geringe zaken.
De zwakke struikelt, wordt daardoor gebroken:
Juist onachtzaamheden blijven haken.

De omgang met vrouwen is de beste manier om de integriteit van een man te toetsen. Hij behoort elke vrouw met respect te behandelen, ongeacht of ze rijk is of arm, of ze een hoge dan wel lage maatschappelijke positie heeft, hij moet haar eer betonen. Een broer moet zijn zuster beschermen tegen alle kwaad en ongewenste invloeden. Hij moet zich ter wille van haar onberispelijk gedragen, grootmoedig zijn, oprecht en onzelfzuchtig God liefhebben. Het gezag dat zij heeft is het gezag van zuivere vrouwelijkheid, die overwint door de reinheid van haar ziel, en haar kracht ligt in haar zachtheid.

Reinheid van gedachten en reinheid van ziel, dat is wat een mens verrijkt. Zonder reinheid is het onmogelijk zich de ware vrouwelijkheid voor ogen te stellen. Zelfs te midden van deze door zonden en slechte daden vervuilde wereld is het mogelijk die heilige reinheid te bewaren.

"Ik zag een lelie, die op het zwarte moeraswater dreef. Rondom was enkel verrotting, maar de lelie bleef schoon, als een engelenkleed. In de donkere poel verscheen een rimpeling, ze deed de lelie schommelen, maar geen spatje raakte haar". Zelfs in onze immorele wereld kan een jonge vrouw haar onbezoedelde ziel bewaren en haar heilige en onbaatzuchtige liefde doen stralen.

Het hart van een jongmens mag zich verheugen wanneer hij een voortreffelijke, hoogstaande zuster heeft, die hem vertrouwt en die hem als haar beschermer, raadgever en vriend ziet.

En een jong vrouw moet zich verheugen over het feit dat haar broer een sterke man geworden is, die in staat is haar te beschermen tegen de levensstormen. Tussen broers en zussen moet een diepe, sterke en hechte vriendschap zijn en ze moeten elkaar vertrouwen. Al liggen er zeeën en continenten tussen hen, hun liefde blijft altijd toegewijd en trouw. Het leven is te kort om het te bederven met strijd en ruzie, vooral binnen de heilige familiekring.

Zwaar werk, moeilijkheden, zorgen, zelfopoffering en ook verdriet verliezen hun scherpte, zwaarte en rauwheid, wanneer ze verzacht worden door tedere liefde, zoals koude, kale en scherpe rotsen mooi worden wanneer ranken hen omarmen met hun groene slingers en tere bloemen alle spleten en scheuren vullen.

Elk huis heeft zijn kruis, maar in een goed huis heerst vrede die niet door de aardse stormen verbroken wordt. Thuis is de plaats van warmte en zachtheid.

Slechts één, maar uit liefde gesproken woord,
In een fluisterend bidden, door God gehoord,
Maakt dat engelen in de hemel zich verblijden
Voor een wedergeboren ziel een plaats bereiden

Ik hoorde een woord, zo zacht en teer
Als een briesje in de zomer.
In een open hart daalde het neer,
En bleef daar altijd wonen.
Nooit heeft het kloppen van die cel
Het overstemd, voor nog geen uur.
Eens slaat het hart een laatst vaarwel:
Pas daarna dooft voorgoed zijn vuur.

In zo'n huis groeit alleen schoonheid en zachtaardigheid op. De ellende van deze tijd is dat de rustige familieavonden verdrongen worden door zaken, amusement en sociëteiten.

Het huwelijk en het gezinsleven

Tsaar Nicolaas II met de kroonprins in de omgeving van Mahiljow

Elke goede gedachte die bij een kind binnenkomt, versterkt en verrijkt zijn karakter. Onze lichamen verouderen, hoe graag we het ook anders zouden willen, maar waarom kunnen onze zielen niet altijd jong blijven? Het is gewoon een misdaad om kinderlijke blijdschap te onderdrukken en ze ertoe te dwingen stijf en voornaam te zijn. Al te vroeg worden levensproblemen op hun schouders gelegd. Het leven brengt hen al zo snel zorgen, onrust en de last van verantwoordelijkheden. Laat ze toch zo lang mogelijk jong en onbezorgd blijven. Hun kindertijd moet, voor zover we dat in de hand hebben, vol blijdschap en licht zijn, vol vrolijk spel.

Ouders moeten zich er niet voor schamen met de kinderen te spelen. Mogelijk zijn ze juist dan het dichtst bij God, wanneer ze die hoogst belangrijke taak uitvoeren.

Vergeet nooit de liedjes uit de kindertijd. De herinnering daaraan ligt onder de last van zorgelijke jaren als tere bloemen 's winters onder de sneeuw.

In ieder huis komen vroeg of laat de bittere ervaringen en het lijden. Er kunnen jaren zijn van wolkeloos geluk, maar er zal ook zeker verdriet zijn. De beek die kabbelde als een vrolijk stroompje, door winterse weiden te midden van bloemen, overgoten door zonlicht, wordt zwart en diep, en

Het gezin van tsaar Nicolaas II kort voor hun martelaarsdood

verdwijnt in een naargeestige kloof of naar beneden stort in een waterval.

In het grote klooster stil en heilig,
Leeft zij door engelen geleid,
Ver van verleiding, voor 't gif der zonde veilig,
Voor mensen dood en in vergetelheid

Van dag tot dag leeft zij dit heden,
In die gewijde zuivere sfeer,
Richt zij jaar in jaar uit haar schreden,
Op een leven tot Gods eer.

Niemand weet welk heilig mysterie zich voltrekt in een kind dat slechts een uur beschoren is op deze aarde. Het leeft niet voor niets. Binnen dat korte uur kan het veel teweegbrengen, het kan diepere sporen achterlaten dan een ander kind dat jarenlang leeft. Veel kinderen brengen als ze sterven hun ouders voor de heilige troon van Christus.

Er bestaat verdriet dat nog diepere wonden slaat dan de dood. Maar Gods liefde kan ieder lijden veranderen in zegen.

Achter wolken schittert sterrenpracht,
Door de regen breken zonnestralen.
Het is Gods liefde die in zijn schepping lacht
En van hoop ons wil verhalen.

Zo stroomt ook het huiselijke leven, soms in helder zonlicht, soms in duisternis. Maar of het nu in licht of duisternis is, het leert ons altijd dat we ons tot de Hemel moeten wenden, als naar het Grote Huis, waar al onze dromen en verlangens werkelijkheid worden, waar verbroken aardse banden opnieuw bevestigd worden. Over alles wat we bezitten en wat we doen, hebben we Gods zegen nodig. Niemand behalve God bewaart ons wanneer we overweldigd worden door verdriet. Het leven is zo kwetsbaar, dat het lijkt of iedere scheiding voor eeuwig is.

We kunnen er nooit vanuit gaan, dat we nog wel de mogelijkheid hebben vergeving te vragen voor boze woorden en dat alles ons vergeven is.

Onze liefde voor elkaar kan oprecht en diep zijn in zonnige dagen, maar nooit is ze zo sterk als in tijden van lijden en verdriet. Dan komt al haar tot op dat moment verborgen rijkdom aan het licht.

Geliefde lezer!
Gedenk in uw gebeden het heil van hen die zich voor dit boek ingespannen hebben.

De Heilige
Tsarina-Martelares Alexandra

Wijze Woorden

SaintHerman of Alaska Brotherhood

Platina, Californië

Russische afdeling Valaam Gemeenschap van Amerika

MOSKOU 1998

'Wijze woorden' bevat dagboeknotities van de vorstin, opgeschreven tussen 1908 en 1915 (GARF, Staatsarchief van de Russische Federatie f 640,op1,d 317). Het is een selectie uit 'Wonderbaar Licht', een van de belangrijkste boeken van onze uitgeverij, een boek met brieven en dagboekaantekeningen van Alexandra Fjodorovna. Twee hoofdstukken uit dit boek, 'Het huwelijk en het gezinsleven' en 'De tuin van het hart' zijn ook afzonderlijk verschenen.

De waarde van deze aantekeningen ligt in het getuigenis dat de heilige tsarina daarin over zichzelf aflegt. Het betreft hier geen onderzoeken en meningen van bepaalde goed- of kwaadwillige schrijvers, van patriotten of kosmopolieten, christenen of niet-christenen. De een kan ongewild of per ongeluk van de waarheid afwijken, anderen verdraaien die opzettelijk. Deze aantekeningen waren niet bedoeld voor publicatie, maar als God het wil worden ze bekend over de hele wereld.

Deze aantekeningen heeft zij uitsluitend voor zichzelf geschreven en zijn niet streng geordend. We weten niet precies wat ze van haar eigen mijmeringen opgeschreven heeft en wat letterlijk dan wel naar eigen inzicht is overgeschreven. De vorstin noemt de namen van J.R. Miller, T.A. Kempis, Coleridge, La Rochefoucauld, Raskin, Wordsworth, Longfellow, Tennison, Heraclitus, Richter, M.B. Carpenter en anderen. De niet-orthodoxe namen moeten ons niet van ons stuk brengen. Zoals aartspriester Artemis Vladimirov zei in zijn voorwoord in het boek 'Het huwelijk en het gezinsleven': Voor ons is het belangrijkste dat Alexandra Fjodorovna, terwijl ze die boeken las, daaruit overschreef wat het meest overeenkwam met haar eigen ervaring. Het is duidelijk dat ze allerlei werken in handen gehad heeft, verschillend van genre en van inhoud. Filosofische overpeinzingen, huwelijksethiek, poëzie, spirituele teksten, het was allemaal voedsel voor haar contemplatie.

Waarschijnlijk waren lang niet alle, door haar bestudeerde schrijvers orthodox, maar de tsarina was in staat teder en oprecht lief te hebben . Met christelijke wijsheid en bedachtzaamheid diepte ze die parels aan morele wijsheid en aforismen op, die haar vrouwelijke hart het meest aanspraken. Deze aantekeningen getuigen van de zuiverheid van haar geest, God waardig geworden door de aanvaarding van het martelaarschap in Christus' naam.

Alexandra Fjodorovna Romanova

Het christelijk geloof, als Hemelse liefde, verheft de menselijke ziel. Ik ben gelukkig: hoe geringer de hoop, des te sterker is het geloof. God weet wat het beste voor ons is, niet wij. In gedurige ootmoed vind ik de bron van de gedurige kracht. "Het dagelijks sterven is de weg naar het dagelijks leven".

Hoe dichter de ziel nadert tot de Goddelijke en Eeuwige Bron van Liefde, des te vollediger manifesteren zich de verplichtingen van de geheiligde menselijke liefde en des te scherper klaagt ons geweten ons aan voor het verzaken van de kleinste daarvan.

Het fundament voor een nobel karakter is volmaakte oprechtheid.

De invloed van goede vrouwen is, na Gods genade, de grootste kracht waardoor goede mannen gevormd worden.

De kroon van de liefde is rust.

Een liefhebbend hart is wat we het meest nodig hebben.

Zolang je liefhebt vergeef je.

Wijze Woorden

Verkeerd begrepen worden, zelfs door degene die je liefhebt, is een kruis en de bitterheid van het bestaan... Het is de zwaarste beproeving van trouw. Dit is wat het hart van de Zoon des Mensen het vaakst verwond moet hebben... helaas! We moeten nooit opgeven, nooit blijk geven van kilheid, geduldig zijn, medelijden hebben, zachtheid tentoonspreiden. We moeten ontluikende bloemen zoeken en harten die zich openen, altijd vertrouwen hebben, zoals God vertrouwen heeft. **We moeten altijd liefhebben**, dat is een plicht.

Liefde groeit niet vanzelf en wordt niet plotseling en uit zichzelf groot en volmaakt, maar vraagt voortdurend tijd en aandacht.

Het leven is niets als we Hem, door Wie wij leven, niet kennen.

Echt geloof wordt in heel onze houding zichtbaar. Het is als de sappen in een levende boom, die de takjes aan het uiterste eind bereiken.

Als je weet wat verdriet is, weet je hoe je met anderen kunt meeleven.

Dat belangrijk zijn hetzelfde is als gelukkig zijn, is een van de misvattingen waar een groot deel van de mensheid zich door de eeuwen heen aan vasthield. Goed zijn en dus gelukkig zijn, dat is het geheimenis dat tot slechts een klein aantal wijzen en deugdzamen doordringt. Zij blijken niet alleen een sieraad voor zichzelf te zijn, maar ook voor hun naasten en voor het Vaderland.

We moeten te allen tijde niet denken aan onze eigen zaken en ons eigen gemak, maar aan het nut dat iets voor anderen kan opleveren.

Een oprecht besef van je eigen onwaardigheid maakt de vervulling van iedere zegening groot en van onschatbare waarde

We zijn dichter bij God, wanneer we onszelf onwaardig vinden. En we zijn Hem het meest aangenaam wanneer we ons vernederen en boete doen in stof en as.

Wanneer plots wolken zich samenpakken en de hemel boven ons verduistert, zullen we met vreugde een heilzame stortregen verwachten; maar wanneer hij voorbijgetrokken is, drijven de wolken uiteen en schijnt de zon helderder dan daarvoor.

Wijze Woorden

Prinses Alice van Hessen, 1892

Nooit voel je zo mee met het lijden van andere mensen en kun je ze zo troosten, als wanneer je verstand is overweldigd en mild geworden door eigen leed.

De ware wijsheid bestaat niet in het verwerven van kennis, maar in het aanwenden ervan ten goede.

Hoe nederiger de mens, des te groter de vrede in zijn ziel.

Laat door het voorbeeld van uw leven uw naaste zien dat het geloof iets groters is dan de leer of het onderhouden van tradities.

Wij moeten volharden en God bidden dat Hij ons geduld geeft alles te dragen wat Hij ons doet overkomen. De verleidingen die de wijze en liefhebbende Vader toelaat gaan aan Zijn goedhartigheid vooruit.

∞

Broederlijke liefde en barmhartigheid komen vaak in kleine dingen tot uiting. Kleine blijken van aandacht, het zijn kleinigheden, maar een voortdurende zelfverloochening: een kort gesprekje over de verlangens en gemoedsgesteldheid van een ander; tactvol en niet demonstratief alles wat pijn kan veroorzaken uit de weg gaan, is zo'n kleinigheid die

Wijze Woorden • 59

vrede schept en liefde en die veel groter is dan de uiterlijke beleefdheid.

Vaak verliezen we het kostbare wat we hebben, terwijl we jagen op het onbereikbare.

Hoe vaak laten we niet de gelegenheid iets goeds te doen schieten, zonder enig besef te hebben van de waarde van dat wat we lieten schieten.

Goedheid is de sleutel tot het hart van de mens.

Ootmoed is niet het vertellen over je tekortkomingen, maar het verdragen dat anderen daarover praten, het geduldig en zelfs met dankbaarheid aanhoren daarvan; het verbeteren van de tekortkomingen waarover iemand ons aansprak, het niet afwijzen van degene die ons aanspreekt.

Hij die de liefde voor Christus in de harten van andere mensen wil ontsteken, moet zelf in vuur en vlam staan door die liefde.

Als je liefdadigheid bedrijft moet je er voor uitkijken dat je niet verdrinkt in zelfbehagen.

Woorden, recht uit het hart, zullen een ander hart vinden en worden vergezeld van een heilige bewogenheid.

Hoe groter het besef is van eigen onwaardigheid, des te meer gaven kunnen ontvangen worden.

Als vanbinnen alles goed is,
dan is er niets dat de buitenkant beschadigt.

De herinnering aan eerder betoonde gunstbewijzen schraagt het vertrouwen op God in toekomstige beproevingen.

Aanvaard de zware reis, mijn vriend, vat moed.
Hij brengt je naar een oord zonder verdriet.
Het is een reis met zwaar verlies en tegenspoed,
Een andere weg daarheen bestaat er niet.
Leer mij de pijn van anderen begrijpen,
Gebreken hun vergeven zonder gram.
Zodat goedheid jegens mensen vaker blijke
en ook ik genade ontvangen mag.

Nederigheid is zo'n belangrijke geestesgesteldheid, dat het moeilijk is daarzonder een zinvol en zegenrijk leven te leiden. Het is onmogelijk te zien zonder ogen en te leven zonder

Alexandra Fjodorovna Romanova

adem, maar nog minder is het mogelijk christelijk te leven zonder nederigheid.

Zoek in alle beproevingen volharding, geen verlossing; als je haar verdient is ze nabij.

Juist in tijden van tegenspoed moet je je naaste bijstaan.

Iemand die ophoudt anderen te helpen wordt ook zichzelf tot last.

Iedere aanvechting is van nut en heeft een doel, ze wordt ons niet zomaar gegeven.

Elke poging je naasten gelukkig te maken is ook een stap op de weg naar je eigen geluk.

De sluier die de toekomstige gebeurtenissen voor onze ogen verbergt is door een barmhartige hand geweven.

Een gelovige opvoeding is het rijkste geschenk dat ouders hun kind kunnen nalaten; die erfenis kan door geen enkele rijkdom vervangen worden.

Hoe zoet zijn de woorden van Waarheid, gedragen op de adem van liefde.

Wanneer ons hart met smart beladen
Nergens een uitweg ziet,
Dan zal geen blik ons hart verraden
Verbergen we ons verdriet.
Dan glimlach je en houdt je tranen binnen,
Het spreken valt je zwaar.
Bij dageraad weet je de slaap te vinden
Om te vergeten, even maar.
Het is een lot dat velen wacht,
Een levenszee die kolkt en raast.
Verdriet ontneemt je al je kracht,
Drukt je terneer, verplettert haast.
Maar hoop gloort aan de overzij,
De wonden helen veelal met de tijd.
Moeder Natuur staat zo haar kinderen bij,
Wij worden van de last bevrijd.

In de ontreddering zelf, die bij onheil met de eerste schok gepaard gaat, zit iets dat ons staande houdt, net als een scherpe pijn het organisme vaak stimuleert en korte tijd ondersteunt. De wanhoop komt daarna, wanneer de pijn al wat afgezwakt is, wanneer de emotionele spanning die ons hielp haar te verdragen, weggetrokken is en de dagen elkaar opvolgen in een saaie monotonie, de beproeving een verschrikkelijke alledaagsheid wordt. Op dat moment begint onze ziel iets te missen, zicht en gehoor staan op scherp in de hoop het geheim van ons bestaan te ontraadselen, het geheim dat eenvoudige berusting kan veranderen in voldoening.

Ja, eeuwig zullen liefde, vrede
En zegen de kroon
Van je bloei zijn,
Oh, mijn vriend!
En als doornen
Jouw bloei aankondigen,
Zou het dan niet bij mij net zo zijn?

Ik schrijf je omdat elke uitdrukking van menselijk meeleven een beetje verlichting brengt, zodat iemand als jij in ieder geval weet dat we niet alleen op de wereld zijn. Ik weet dat niets jouw verlies kan goedmaken. Maar op aarde kun je liefde ook om je heen vinden. Die liefde stierf niet. Je kunt de liefde ook in de andere wereld vinden. Daarom kunnen zij die ons verlieten, als ze nu bij God zijn, niet dichter bij ons zijn, dan nu ze voor ons bidden in de hemel en ons helpen en ons leiden op de weg die we moeten gaan. Ja, durf te geloven, dat hij die je liefhad nog steeds vlak bij je is en jij bij hem en jullie beide dicht bij God, Hij die aan het kruis is genageld, gaf Zijn leven voor jullie. Dat is alles wat ik zeggen kan. Maar dat te mogen geloven is een grote troost.

In het uniform van de keizerlijke vloot, ongeveer, 1910

Geloof, dat zij die ons verlaten hebben dichter bij ons zijn dan ooit en als ze werkelijk treuren over onze tegenspoed en onze verkeerde daden - en dat lijdt geen twijfel - is hun verdriet niet voor niets. Hun medeleven is een belofte van hulp in de uiteindelijke verlossing van verdriet voor hen die zij met liefde gadeslaan.

Leer, omwille van de liefde Gods, los te laten, zelfs als het gaat om iemand die je na staat en dierbaar is.

Verlies de moed niet, maar vertrouw rustig op de wil van God en dat niets u bij toeval overkomt, verdraag alles ter verheerlijking van God, zoals de zomer op de winter volgt en na de nacht de dag komt. Maar na de storm komt de stilte.

Wanneer u zich bewust bent van wie u bent, zult u geen aandacht schenken aan dat wat mensen van u zeggen.

Soms is een schreeuw die naar de hemel stijgt
Een traan die stem en adem krijgt.
Een traan, ontdaan van aardse droefenis
Die puur en zuiver stralend is,
Geen smet is voor het engelengelaat
Dat juist door haar nog dieper glanzen gaat.

Kent u soms de kracht van het lieve bloempje?

Zouden die kleine bloemen bij hun ontluiken ook maar een fractie van hun schoonheid beseffen?

Er zijn veel mensen die een door God gegeven honger naar volmaaktheid hebben, die daaraan niet beantwoorden, die zich schamen en gekweld worden door verlangens waaraan ze niet kunnen voldoen, door driften waarvan ze zich niet bewust zijn, door krachten die ze niet kunnen inzetten, door verplichtingen die ze niet kunnen vervullen, verwarring die ze tegen niemand kunnen uitspreken. Deze mensen zouden blij zijn met welke verandering dan ook, waardoor ze heiliger, zuiverder, rechtvaardiger, liefdevoller, oprechter en verstandiger zouden gaan leven, en wanneer ze aan het einde denken, lijken hun gedachten op de woorden van de dichter:

Niet naar de dood, naar 't leven zal ik streven
Ik neem me voor intens en vol te leven
Met onbeduidendheid wil ik mij niet omgeven.

Voor die mensen herhalen we de woorden van de Heer: "*Houd moed, mijn kind.*" (Matt.9:2). God geeft overvloedig aan de mensen. Als iemand naar het Goddelijke dorst, dan zal daar zonder twijfel in voorzien worden. Als u er naar streeft een beter mens te worden, dan zal dat gebeuren. Vertrouw alleen uw voortreffelijkste gevoelens, probeer niet die heilige dorst in u te onderdrukken, blijf, ondanks teleurstellingen, strijden voor alles wat God van u vraagt, zelfs na een overtreding. Zalig zijn zij die dorsten naar gerechtigheid! Ons is gezegd: *"En de Geest en de bruid zeggen: kom! En wie dorst heeft, kome, en wie wil, neme het water des levens om niet."* (Openb. 22:17). *"Want het voegde Hem, om wie en door wie alle dingen bestaan, dat Hij, om zoveel zonen tot heerlijkheid te brengen, de Leidsman hunner behoudenis door lijden heen zou volmaken."* (Hebr.2:10)

"De ootmoedigen zullen het zien, zij zullen zich verheugen; Gij die God zoekt, uw hart leve op." (Ps.69:33) (Russische bijbel: Ps. 68:33)

Draag je kruis met vreugde: het is God die het je geeft.

De zin van het leven wordt niet bepaald doordat je doet wat je leuk vindt, maar dat je met liefde doet wat je moet doen.

Zolang er leven is, kun je dat leven gebruiken om je naaste te helpen. Het leven is een voortreffelijke aangelegenheid.

De ziel die meer dan anderen open staat voor het geestelijke, kent God beter en kent meer dan een ander de vrees te falen tegenover Hem en beeft meer bij de gedachte aan de Jongste Dag.

Tsarina Alexandra Fjodorovna Sint-Petersburg, 1894

Ware deugdzaamheid is dat je je zonder getuigen net zo gedraagt als gewoonlijk voor de ogen van de wereld.

Wij moeten onze redding zoeken in die situatie waarin de Voorzienigheid ons geplaatst heeft, we moeten geen luchtkastelen bouwen en ons voorstellen hoe deugdzaam we zouden zijn wanneer we in andere omstandigheden zouden verkeren. En vervolgens moeten we echt op God vertrouwen, ook in het kleine. De meeste mensen brengen hun leven door met klagen en treuren over hun hebbelijkheden, met praten over dat ze moeten veranderen, leefregels opstellen voor de toekomst die ze verwachten, maar die ze misschien mislopen, en verliezen op die manier kostbare tijd, die ze hadden kunnen besteden aan het doen van het goede op de weg naar hun heil. We moeten iedere dag en ieder uur naar ons heil streven. Daarvoor is geen beter moment dan in wat God ons vandaag in Zijn goedheid geeft, dat wat de dag van morgen ons brengt weten we niet. Het heil bereiken we niet door een van onze dromen, maar door een naarstig ijveren. Voortdurende waakzaamheid is God welgevallig.

Zelfs kleinigheden worden groot als ze naar de wil van God zijn. Ze zijn klein in zichzelf, maar ze worden groot zodra ze omwille van God gedaan worden, wanneer ze tot Hem leiden en helpen voor eeuwig één te worden met Hem. Bedenk Zijn woorden: *"Wie getrouw is in het geringe is ook getrouw als het om veel gaat en wie onrechtmatig is in het geringste is ook onrechtmatig als het om veel gaat.* Luc. 16:10.

De ziel die oprecht God zoekt, kijkt nooit naar of iets klein of groot is, het is genoeg te weten dat Hij, voor Wie dat gedaan wordt, oneindig groot is en dat alle schepselen Hem volledig toegewijd moeten zijn, maar dat kan alleen bereikt worden door Zijn wil te doen...

Lijden, maar niet de moed verliezen, wat een grootheid schuilt daarin... Waarheen God ons ook leidt, overal vinden we Hem, in de meest enerverende aangelegenheden, zowel als in de meest rustgevende meditatie...

Dat wat ons benauwt en onze trots verwondt is ons meer van nut dan dat wat ons opwindt en inspireert.

Heeft de dood dan nog betekenis
Als hij ontdaan van lijden is,
Van pijn, van strijd en van gemis.
De uren van een dierbare gekregen
En elke blik, zo zacht en teer,
Zijn parels aan een snoer geregen.
Ik tel die parels keer op keer.
Ja, elke parel is een liefdeblijk
Van de geliefden om mij heen,
Dat zie ik als ik naar het kruis opkijk
Ze blijven hier, al ben ik weer alleen.
Herinneringen aan vervlogen tijd,
Ze beuren op en verontrusten.
Maar elke parel onderwijst,
Leert mij het kruis te kussen.

Laat door de stralen van het eeuwig licht,
Boven de horizon de wolken uiteendrijven.

Moge op het vermoeid en rimpelig gezicht
De streling van Gods tedere hand verblijven
Dat vrede eeuwig heersen mag
Waar in geloof aan Hem wordt gedacht.

Wanneer het afscheid nadert,
Het onvermijdelijke dreigt,
Als van je geest de pijn en droefenis niet wijkt,
Dan druk ik zacht je hand en zeg:
Christus is met je.
Wanneer geluk en zegen hart en leven vult,
en voorspoed als een gouden regen je omhult
ook dan zal van mijn lippen wellen:
Christus is met je.
Wanneer je bron van vreugde en geloof dan ooit,
Verdroogt, je eenzaam bent en zwaar berooid,
Is dit mijn troost en mag je weten:
Christus is met je.
Mijn vriend, draag in vertrouwen en geloof
Nederig je kruis tot in de dood,
Door vaak en steeds maar weer te zeggen:
Christus is met me.

De volgende generatie leert van onze fouten.

De ongelovigen en de trouwelozen, die niet luisteren naar de stem uit de hemel, ontvangen de eeuwigheid niet.

Nicolaas Alexandrovitsj Romanov

Vertrouw op je hart, vooral wanneer dat een vertrouwen is in het goede; luister er dan naar.

Iemand die leeft, groeit; een heilige is volgroeid.

De aard van God is Geest. De naam van God is Liefde. De omgang van God met de mens is de omgang tussen Vader en zoon.

God is het die ons van wanhoop steeds geneest.
Hij is groot en alom zeer gevreesd,
Hij laat zich vinden door wie Hem om hulpe vragen,
Het kwaad zal Hij met macht en pracht verjagen.
Meer dan wij kunnen denken
Wil Hij ons vreugde schenken.
Treurende ziel vergeet toch nimmer:
Uw God bewaart voor immer.

Om de levenslast te kunnen dragen
Hoef ik op aarde maar één ding te vragen,
Slechts één: het heilige vertrouwen,
Dat, hoezeer het leven mij ook kan benauwen,
Ik niet zal vallen uit de hand des Heren,
Dat Hij het onheil om zal keren
In zegen en mij leidt door al het kwade
Brengt Hij het hoogste doel mij nader.

Wijze Woorden

Het samenleven
Ons gegeven,
Is innig, maar weinig,
De korte reis eindigt
Als een van ons het leven laat.
De weg van alle mensen gaat.
Maar hoe zalig
Was het samen.
Wat was een mens als liefde ontbrak
Een mens alleen is zwak.

Soms breekt hij mij de gedachte
Samen met het zonlicht door:
Dat na het graf 't geluk mij wachte
En ik jou weer toebehoor.

Een Psalm Des Levens

Wat het hart van den jongeling
Tot den psalmist zeide.
Zing niet jammrend, dat het leven
Als een leêge droom verdwijnt!
Dood is elke ziel die sluimert;
't Leven is niet wat het schijnt.
Ernst is 't leven! 't Weert de leugen,
Die in 't graf den grenspaal ziet.
"Stof zijt ge om tot stof te keeren,"
Geldt van 's menschen ziele niet.

Niet maar lijden of verblijden,
Is de roeping van Gods kind;
Neen, maar handlen, dat elk Morgen
Verder ons dan 't Heden vind'!
Zeker is de Kunst oneindig,
Maar de Tijd vliegt spoedig om:
't Harte slaat zijn eigen lijkmarsch
Als een overfloerste trom.
Wees in 't bont bivak der waereld,
Wees in 's levens worstelperk,
Niet als slachtvee, dom en weêrloos,
Maar als helden, fier en sterk!
Bouw niet op de schoone Toekomst:
't Dood verleên begraav' zijn doôn!
Zwoeg en ploeg in 't levend Heden,
En verwacht van God de kroon!
't Leven onzer groote mannen
 Leert ons hoe men heerlijk strijdt,
Hoe men eens een voetspoor nalaat
 In den zandzoom van den Tijd:
Voetspoor, dat misschien een ander,
Die op 's levens golven zweeft,
Of aan 't strand wordt neêrgesmeten,
Als hij 't ziet, den moed hergeeft!
Zoo dan laat ons waken, werken,
En, op ieder lot bereid,
Rustloos voortgaan en voltooien,
In des Heeren mogendheid!

© *Jan Jakob Lodewijk ten Kate. All rights reserved*
Oorspronkelijke tekst A psalm of life.
Henry Wadsworth Longfellow (1807-1882)

Wijze Woorden

Zeg niet dat het verleden niet meer leeft,
Hoewel de herfst allang is aangebroken,
De dag van kleuren is verstoken
En geen muziek mij meer omgeeft.
Dat wat ik mee moest maken blijft,
Heeft diep in mij een plaats gekregen,
Regeert met alle macht en kracht de rede
En eist van mij gehoorzaamheid.
Het verleden dat beïnvloedt ongewild
Alles wat ik doe vandaag.
Hoe kan het dat een blik, terloops en vaag,
Mij naar vervlogen tijden tilt
En alle liefde in mij wakker maakt
Die mij ooit zo diep heeft geraakt.

Sommigen zeuren, als over hun leven,
Dat tot dan gerieflijk was,
Door licht verdriet een schaduw valt
Als een wolkje aan de hemel.
Anderen antwoorden vol dankbaarheid
Als God in zijn oneindige genade
Door het schijnsel van zijn stralen
Licht in hun donkere leven verspreidt.

Het christendom leert ons niet alleen hoe ieder van ons moet leven opdat zijn ziel gered wordt, maar ook dat ieder ernaar moet streven alles te doen wat in zijn macht ligt om zijn naaste te helpen. Wij kunnen deze leer niet volkomen en naar behoren volgen, want de kracht van de allersterksten lijkt zwakheid in de tegenwoordigheid van de grenzeloze macht en de grenzeloze liefde en verschrompelt onder het scherpziend oog van de mensen. Tenslotte kan niet ieder van ons het hoogste bereiken, aangezien licht en kracht ons gegeven zijn als ideaal. Toch moet je nergens anders naar streven. Wij moeten niet alleen goed zijn, maar ook sterk. We moeten niet alleen zedelijk hoogstaand zijn, maar ook dapper. We moeten hooggestemde gedachten koesteren en onszelf aansporen. In de Heilige Schrift staat niet alleen geschreven dat we argeloos als een duif moeten zijn. Er staat ook geschreven dat we listig moeten zijn als een slang. Wanneer ervaring niet verbonden is met het geweten, maakt ze een bekwaam mens op het sociale vlak tot een wild dier, dat zijn soortgenoten aanvalt en daarom verdreven dient te worden. Zachtmoedigheid en goedheid, die niet verbonden zijn met kracht en vastberadenheid, zijn bijna niet in staat goed te doen.

Wanneer iemand iets goeds gedaan heeft, moet hij daar niet over praten. Als hij erover opgeschept verliest het goede zijn adeldom. Geef, zonder er iets voor terug te verwachten, reken niet op winst in de toekomst, geef aan kinderen, ouden, stervenden, aan iemand die geen erkentelijkheid zal tonen, aan iemand die u nooit terug zult zien, anders zal het geen weldaad zijn maar berekening. Beijver u zelfs uw vijanden te helpen. Vertrouw de uitdeling van uw aalmoezen niet toe aan bedenkelijke tussenpersonen, anders wordt de

Alexandra Fjodorovna met kroonprins Alexei

daad zelf, die de apostel 'de inspanning uwer liefde' noemde (1 Tess.1:3) twijfelachtig. Doe met uw eigen handen wat uw hart u ingeeft. Zo raakt u vertrouwd met het leven en de noden van de armen, die schepselen zijn van Christus.

Geen mens ziet hoe arm hij eigenlijk is. Een mens is wijs wanneer hij God toestaat over alles in zijn leven te beslissen..
Laat uw gezicht stralen als bij Mozes, en anderen verblijden, maar zonder uzelf te bewonderen als voor een spiegel.

De ware liefde voor het Vaderland is niet bekrompen. Zij is grootmoedig. Het is geen blinde verering, maar een heldere kijk op alle onvolkomenheden van het land. Een dergelijke liefde maakt zich niet druk over hoe ze de loftrompet over het land zal steken, maar bedenkt veeleer hoe ze haar kan helpen haar hogere bestemming te bereiken. Liefde voor het vaderland staat in kracht dicht bij de liefde tot God. De liefde voor de geboortegrond verenigt de toegewijde liefde van een zoon met de allesomvattende vaderliefde. Ook sluit die liefde de liefde voor andere landen en de hele mensheid niet uit. In alle soorten liefde die hoger gaan dan de basale instincten schuilt een geheim, en dat kan ook van het patriottisme gezegd worden. Een patriot ziet meer dan anderen in zijn eigen land. Hij ziet hoe het kan worden, tegelijk weet hij ook dat er nog veel is dat voor het oog verborgen blijft, aangezien dat voor een deel de grootsheid van de natie blijkt. Hoe zichtbaar haar velden en steden ook zijn, haar hogere grootheid en belangrijkste heiligdommen liggen in de sfeer van het onzienbare, evenals al het geestelijke.

In het woord "manhaftigheid" zit iets van een bijna onuitroeibare liefde voor het heroïsche in het hart van de mens. Maar misschien is de ware dapperheid vaak minder heroïsch en moeizamer en praktischer dan we geneigd zijn te denken. Het is voornamelijk het verrichten van hele kleine daden, die van waarde zijn omdat ze alleen door geloof in God gedaan kunnen worden: je humeur verbergen, met geen woord over je verdriet spreken, een last op je nemen voordat anderen het doen, anderen vergeven, maar niet jezelf.

Voor de meesten van ons is de grootste verleiding het verliezen van de moed, de grootste beproeving van onze krachten de eentonige aaneenschakeling van mislukkingen in de tergende rij van alledaagse moeiten. De afstand mat ons af, niet het tempo. Vooruit bewegen, het kiezen van de juiste weg, zich naar het zwak flonkerende licht worstelen en nimmer twijfelen aan de hogere waarde van het goede, zelfs niet in de allerkleinste gedaante, dat is de normale opdracht van het leven voor velen en in het volvoeren daarvan laten mensen zien hoeveel dat waard is.

Hij bestudeerde de hoogste aller kunsten: hoe je te gedragen tegenover je vijanden. Vijanden had hij natuurlijk, zoals ieder sterk mens die het leven ten volle leeft. Je kunt niet een vol leven leiden en veel werken zonder daarbij in meer of mindere mate afgunst te wekken, afkeuring op te roepen, laster, verdenking, vijandschap...

Van geen enkel mens wordt gevraagd dat hij onverschillig blijft onder een vijandige houding. Wij moeten waken over onze persoonlijkheid, onze naam en ons werk. De waarheid is niet iets onpersoonlijks, ook is het leven geen theaterstuk waar een abstracte held in optreedt. Wij leven in een wereld waar een wisselwerking tussen het goede en het kwade ons persoonlijk treft. Daarom ontstaan er conflicten en vijandschap in ons leven. Tegenover de persoon van de duivelse vijandschap moeten we zelfbeheersing betonen en geduld, een minachtende onverschilligheid laten zien, maar nooit moet er een deemoedig stilzwijgende instemming zijn, integendeel, juist door onze kracht moet er een onverzoenlijke strijd zijn. Alles hangt af van de kern van het conflict. Wij kunnen het zwaar te verduren hebben, maar we mogen niet toestaan dat de waarheid het zwaar te verduren krijgt. Wanneer we dat beseffen en dat ondergeschikt maken aan ons persoonlijke gevoel, is het niet zo moeilijk vijandigheid te verdragen. Dat roept in een mens met een sterk geloof vastberadenheid op. Hij gaat zijn weg door de wereld die hem vijandig is, als een overwinnaar en... hij overwint natuurlijk.

Hoe langer ik leef, des te duidelijker zie ik dat het belangrijkste verschil tussen sterke en zwakke mensen, tussen grote en geringe mensen, de energie is, een onoverwinnelijke vastberadenheid, een bestendig doel, waarbij ook de dood een overwinning is.

Wijze Woorden

Kroonprins Alexei met zijn vader in het hoofdkwartier van de opperbevelhebber, 1916

Het menselijk leven is het grote gemeenschappelijke leven van afzonderlijke menselijke schepselen samen. We moeten begrijpen dat het bestaan van één mens los van alle andere mensen hetzelfde is als een mens die los van de cellen van zijn eigen organisme zou leven.

Degene die een hoger gelegen doel koos, betekent, zelfs als hij het niet haalt, meer dan iemand wiens doel lager ligt.

Het belangrijkste van alles is te leren een onderscheid te maken tussen de belangrijke, grote ideeën en de bijkomstige, kleine gedachten, die achter elkaar in ons hoofd opkomen.

Bidden en vasten, wordt, hoe zwaar het aanvankelijk ook mag lijken, stapje voor stapje steeds gemakkelijker en aangenamer. Het lijkt of onze natuur zich op een geheimzinnige manier in tweeën splitst, en er blijven steeds minder begeerde triomfen en steeds meer goede gevoelens achter, waardoor volledige zelfbeheersing bereikt wordt. Hoeveel prettiger is het op een warmbloedig paard te rijden dan op een uitgemergeld scharminkel, ook al kost het meer vaardigheid en kracht. In het eerste geval voelt u een samenballing van levende en onbeteugelde kracht onder u, in het tweede bent u genoodzaakt een stompzinnige en futloze slaaf de sporen te geven.

Het mooiste van schoonheid is dat wat onmogelijk aan de buitenkant getoond kan worden.

De mensen zagen doornen op het hoofd van Jezus, maar de engelen zagen rozen.

Veel kennis van goddelijke zaken blijft verborgen wanneer het geloof te klein is.

Zelfopoffering is de zuivere, heilige, werkzame deugd die de menselijke geest bekroont en heiligt.

Nooit is een mens zo volmaakt als tijdens het gebed om vergeving voor hemzelf of voor anderen.

Jubelt Hemelse Kerk, die spreekt
Van liefde en niet geloof slechts preekt,
Feestelijk in eeuwigheid verkeert.
De vraag die men elkaar daar stelt
Is: Heb je lief? Het is niet slechts geloof dat telt.
Men zegt voor het altaar van de Heer:
"Mijn God ik heb U lief, steeds meer".
De hoop mag anker zijn, het geloof staat aan het stuurwiel
Maar de Liefde, Liefde zo groot, is de kapitein van onze ziel.

Wil mij ook voor terechte toorn behoeden,
Toorn immers brengt mij niets ten goede.
En klim ik op tot 's hemels zuiverheid,
Help mij dan op de weg die daarheen leidt.
Rechtvaardig zijn als U, dat is mijn leven
U hebt Uw voorbeeld immers ons gegeven
Ik moet doorzien wat anderen misdreven.

Kroonprins Alexei met zijn vader in het hoofdkwartier van de opperbevelhebber

Keizerin Alexandra Fjodorvna Romanova

De Tuin Van Het Hart

~ *Spiritueel dagboek* ~

Saint Herman of Alaska Brotherhood

Russische afdeling van de Valaam Gemeenschap van Amerika

MOSKOU 1998

Het geestelijk dagboek van de heilige martelares Alexandra is een schat die lange tijd verborgen is gebleven. Het onthult de lezer de waarheid van haar stralende geest en blijkt een openbaring, niet zozeer in historische als wel in religieuze zin. De heilige Alexandra is, voor zover dat gezegd kan worden, tweemaal martelares, want op de moord op de keizerin in de kelder van het Ipatiev-huis in Jekaterinburg volgden tien jaren van kosmopolitische lastering van haar naam. Die laster werd krachtig aangewakkerd door de vurige pogingen van hemelbestormers en christusmoordenaars de geschiedenis van de mensheid te herschrijven. In de afgelopen 80 jaar is weinig gedaan om die leugen uit te roeien. Er werd veel kwaadgesproken. En zij die poogden eerlijk over de Russische tsarenfamilie te spreken, zijn door kwade machten te gronde gericht. De leugen vulde, en vult nog steeds, druppel voor druppel die weerzinwekkende beker met vuiligheid, die tot op de dag van vandaag over haar nagedachtenis wordt uitgegoten. De heilige Alexandra was al voor haar martelaarschap een rechtschapen vrouw en de levensomstandigheden, het overwinnen van moeilijkheden en beproevingen, zijn van dezelfde orde als die in het leven van ieder ander mens. Het originele dagboek over het jaar 1917 was een klein boekje in linnen gebonden, met een lichtblauw omslag dat Alexandra Fjodorovna zelf genaaid had. In de hoek had ze een klein kruis geborduurd. Aan de binnenkant staat in het handschrift van de vorstin eenvoudig: "Alix, 1917". In dit boek bevinden zich fragmenten uit geschriften die haar inspireerden,(met name las ze de werken van J.R. Miller). De keizerin legde ze vast in haar dagboek.(GARF, Staatsarchief van de Russische Federatie f. 640, op.1, d.317) 1917.

Woord vooraf

*Door aartspriester Artemis Vladimirov,
prior van de Allerheiligenkerk in Krasnoje Selo in Moskou.*

"*Uit de overvloed des harten spreekt de mond.*"
(Matt. 12:34)

Zoals het water wel moet stromen uit de bron, zo kon het hart van de vrome tsarina niet anders dan spreken over de liefde. Liefde was het grootste goed van deze hoogstaande, tot dusver door velen onbegrepen geest. Uit langdurige oefening ontstaat gewoonte. Een gewoonte verandert geleidelijk in een eigenschap, een onvervreemdbare morele karaktertrek. De heilige Alexandra leerde in haar jonge jaren van mensen houden, "*niet met het woord en de tong, maar met de daad en in waarheid.*" (1 Joh.3:18). Zij schonk keizer Nicolaas Alexandrovitsj vijf prachtige kinderen, die ze vervolgens door en door verwarmde en verlichtte met haar tedere moederliefde. Met dezelfde opofferingsgezinde liefde hield ze van Rusland, haar nieuwe orthodoxe Vaderland. Dat geeft iedere regel van de hand van de keizerin over het geestelijk leven zoveel gewicht. Dat maakt dat ieder woord van haar zegenrijk voor het hart is. *"Charity begins at home,"* – zeggen de Engelsen. Liefdadigheid begint in je eigen huis. Wanneer wij zacht, vriendelijk en grootmoedig zijn tegenover onze huisgenoten, tegenover hen die we iedere dag zien, dan misleiden we onszelf klaarblijkelijk niet wanneer we die deugden met vorstelijke generositeit betonen tegenover mensen die we in het geheel niet kennen. De aantekeningen van Alexandra Fjodorovna zijn als zaadjes die in de geploegde akker van het hart van de lezer vallen. Het hangt van ons af of ze zullen ontkiemen en uitlopen, of dat ze overwoekerd worden door onenigheden en verdorren door de hitte van het middaguur. Het woord van de monarchale martelares is ook als regenwater dat de aarde doordrenkt en vruchtbaar maakt. Wanneer de geur van de welderig bloeiende deugden van haar wijze, moedige martelaarshart de lezer bereikt, dan zal hij daar zelf de kracht uit putten om lief te hebben zoals Christus dat van ons verwacht: onbaatzuchtig, lankmoedig en onwankelbaar.

Ieder hart moet als een kleine tuin zijn. Hij moet altijd vrij zijn van onkruid en vol schitterende planten en bloemen staan. De kleine hof is niet voor zichzelf overal zo mooi, maar brengt vreugde aan ieder die hem ziet... Het behaagt God dat wij ons leven zo inrichten dat het gevrijwaard is van de ons omringende duisternis en in iets moois veranderen. Stel je voor dat de bomen, planten en bloemen in deze tuin nog in de greep van de winter verkeren. Zoals altijd bij de intrede van de lente, zijn de bomen nog kaal, maar duizenden knopjes wachten slechts op de eerste aanraking van de warme zonnestralen om fleurige bloesems te doen ontluiken. De rozenstruiken staan er kaal en doornig bij en zijn voorlopig nog ontdaan van alle schoonheid, maar er is slechts warme lentelucht en zachte regen voor nodig om hen met wonderschone pracht te bekleden. Het veld is grauw en doods, maar er zijn miljoenen kiempjes die op de streling van de lentelucht wachten om door te breken met hun groene frisheid. Dat doet denken aan het beeld dat beschreven is in de oproep van de winden:

"Ontwaak, winden en waai over deze winterse velden
Om schoonheid op te wekken, welriekende geuren en leven."

Maar doet het niet ook denken aan het leven van veel mensen? Schuilen onze talenten en onze gebeden niet in nog ongeopende knoppen? Is ons leven zo voortreffelijk als het zou kunnen zijn? Doen we altijd ons uiterste best? En helpen we andere mensen zoals we zouden moeten doen, denken we goed over hen en wensen we hen alle goeds toe? In ons hart kan geen liefde voor anderen groeien zonder

Alexandra Fjodorovna Romanova

Goddelijke Inspiratie. De voortreffelijke eigenschappen van een christelijk karakter zijn niet de gebruikelijke deugden. De Schrift spreekt van de vruchten van de Geest. Niets, behalve de Geest van God kan in ons de geestelijke krachten en mogelijkheden wekken...

De vreugde over de verlossing wordt geboren uit de smart van het berouw. De as van grote rampen bemest de aarde van het menselijk leven en deugden groeien daarin overvloedig. Na diepe smart wordt ons leven duizendmaal waardevoller, en door de vruchten van onze liefde worden velen gevoed.

Oh Heer, ik bid dat toch mijn leven
Als zuivere en heerlijke muziek mag zijn,
Die allerwegen troost mag geven
Op dagen vol van moeite en pijn.
Dat waar ze klinkt, het werken
Staakt, ze wordt gehoord
Om hart en geest te sterken.
Daarna zet men de arbeid voort.
Ik bid dat al mijn wedervaren
Steeds snaarmuziek weerklinken doet.
Zodat het hart genezing mag ervaren
Van oude pijn, onrustige gedachten
Over het zware aards bestaan,
Dat harmonie en rust regeert voortaan.
Oh, geef me voor mijn taak toch krachten!
Laat me zo leven dat als eens mijn einde komt,
Het geluid van mijn verhaal niet ook verstomt.

De oproep om te ontwaken betekent dat de grootheid in ons nog slaapt en dat zij noodzakelijk gewekt moet worden. In een van de brieven van de apostel Paulus aan Timotheüs vraagt hij de gave Gods die in hem is aan te wakkeren (2 Tim. 1:6). Timotheüs deed niet alles wat in zijn vermogen lag. De heilige apostel Paulus had, toen hij de brief schreef, een vuur voor ogen, dat door iets was bedekt en nog maar amper smeulde, en hij vroeg Timotheüs het vuur opnieuw aan te wakkeren zodat het weer met heldere vlammen kon branden. Aan de geestelijke gaven en de voortreffelijke mogelijkheden in het hart en leven van een christen kleven geen gebreken, maar ze komen niet ten volle tot uiting en moeten aangewakkerd worden.

Alleen een leven van offervaardige liefde is waardig.

Wees nooit tevreden met dat wat bereikt is, er zijn nog andere hoogten.

In het Oude Testament wordt de Messias meer dan eens de Knecht des Heren genoemd. Dienen is niet iets laags, het is Goddelijk. Wanneer wij de wet van de dienstbaarheid in ons huiselijk leven zouden invoeren, dan zou dat ons opmerkzaam maken jegens allen en ons huis zou veranderen in een plaats van Goddelijke liefde. Wanneer we leerden te dienen als Christus, dan zouden we niet meer denken over hoe we op een of andere manier hulp, aandacht en steun kunnen ontvangen, maar hoe we anderen tot nut en zegen kunnen zijn.

Een ieder vergeldt goed met goed, maar een christen moet goed doen, zelfs aan iemand die hem bedriegt, verraadt en schade berokkent.

Wat de mensen om ons heen vooral nodig hebben is eenvoudigweg goedheid.

Het beste dat een leraar zijn leerlingen kan leren is moedig en vol vertrouwen te leven, het leven van een overwinnaar.

Verlies nooit de moed en sta een ander ook nooit toe de moed te verliezen.

Iedere morgen als ik eenmaal ben ontwaakt
Vraagt Hij mijn hart, volledig en volmaakt.
Dan zie ik Hem en wie Hij is,
Die is en was, die is gewis.

Christus weet wat in het hart van de mens is. Wanneer Hij ons aanziet, ziet hij niet alleen wie we zijn, maar ook wie we

Grootvorstin Olga Nikolaevna Romanova, 1910

kunnen worden. Christus kijkt naar het jonge leven dat voor Hem staat en ziet daarin, onder de onaantrekkelijke buitenkant, een heerlijke volwassenheid en roept haar tot wasdom. Jezus ziet altijd het beste in een mens. Hij zag het goede in de tollenaar achter al zijn hebzucht en oneerlijkheid en Hij nodigde hem uit een van zijn vrienden te worden. In de gevallen vrouw die aan zijn voeten lag, verlangde Hij een zuivere geest te zien en sprak tot haar woorden van ontferming en hoop tot haar redding. In ieder die tot Hem kwam, zag Hij de mogelijkheid iets goeds aan het licht te brengen. Wanneer we mensen willen aanzetten hun beste eigenschappen te ontwikkelen, moeten we in een mens het beste zien dat in hem is, en schoonheid en goedheid vinden in het leven van ieder. God heeft geen hulp nodig om knoppen te openen en rozen te doen bloeien. Knoppen moeten op de natuurlijke manier open gaan en rozen moet volgens de natuurlijke weg gaan bloeien, de weg die door de Heer bepaald is. Zorgen dat ze eerder in bloei staan, zou hun dood betekenen. Wij moeten de uiterste voorzichtigheid betrachten in het beïnvloeden van het geestelijk leven van andere mensen, en zeker van kinderen. Geweld kan onherstelbare schade toebrengen. Het beste dat we kunnen doen voor de ontwikkeling van het geestelijk leven van iemand anders is hem een sfeer van liefde en zuiverheid te bieden. De toekomst van menigeen is veranderd door een nieuwe vriendschapsband. Het betekent veel voor ieder van ons te weten dat iemand in ons geïnteresseerd is. Een van de belangrijkste geheimen van het vermogen anderen te helpen is de vaardigheid van het bemoedigen. Bemoediging inspireert ons, als dat er niet is dan worden veel zegenrijke mogelijkheden in de kiem gesmoord. Je denkt dat je niets kunt bereiken

De Tuin Van Het Hart

in het leven, niets moois of goeds kunt doen, je hebt het idee dat je vrienden er net zo over denken en een gevoel van hopeloosheid en nietswaardigheid houdt je in zijn greep. En dan komt er iemand die je bekwaamheden ziet, iemand wiens blik kostbare glimpen van je ziel vangt, iemand die mogelijkheden in je leven ziet die je daarvoor nooit vermoed had en die je dat vertelt. Je begrijpt wat dat voor je betekent. Jezus had Simon lief en Hij zei dat ook tegen hem en Hij bemoedigde hem en dat betekende voor Simon het begin van een nieuw leven. Jezus had vertrouwen in hem en dat vervulde hem met hoop. Christus ziet in ons de mogelijke schoonheid van ons karakter en de mogelijke kracht door het dienen en haast zich de in ons verborgen schatten aan het licht te brengen. Dat is niet altijd gemakkelijk, soms zelfs heel moeilijk.

Dat wat ons geloof versterkt en ons helpt te vertrouwen in perioden van lijden en beproevingen, is dat we begrijpen dat niets ons overkomt zonder bedoeling en dat niets toevallig gebeurt of geschapen is tot onze schade, dat alles ons toegedacht is om ons te helpen grootmoediger te maken en een voller en gelukkiger leven te leiden. Soms worden we pijnlijk verwond door verdriet. Daarin schuilt iets van een raadsel dat we niet kunnen oplossen. Niemand heeft het juiste antwoord op die vraag, niemand kan zeggen waarom juist iemand die zo goed is, zo bitter moet lijden, maar toch weten we dat een dergelijk beproeving zonder twijfel iemand tot nut is. Mogelijk lijdt iemand opdat zijn leven nog zuiverder en nog helderder wordt. Mogelijk is het lijden hem gegeven als getuigenis van Christus en dat zijn geduld, vertrouwen en vreugde, de vruchten van de Geest in hem zijn. Uiteindelijk begrijpen we dat de pijn dient tot zegen van hem die haar verdraagt, of voor hen die zien en opmerken met welk een moed hij haar verdraagt. Van één ding moeten we te allen tijde overtuigd zijn: dat God ons lijden zendt omdat Hij van ons houdt.

We moeten in ons bewustzijn de gedachte versterken dat Gods doel met ons leven is dat we op Christus gaan lijken. Als wij een zware last te dragen hebben, is dat omdat dat meewerkt aan onze groei. Wanneer anderen ons teleurstellen, dan is dat voor ons nog een les in geduld en inschikkelijkheid. Wanneer we in een moeilijke situatie verkeren, in onprettige omstandigheden, dan is dat opdat we ons kunnen vervolmaken in ontbering en leren tevreden te zijn in wat voor omstandigheden dan ook. De Heer geeft ons altijd nieuwe lessen om te leren en brengt ons ertoe het volmaakte beeld waarnaar Hij ons schiep meer en meer te benaderen, Hij maakt ons klaar voor de hoogste dienst.

Christus roept ons allen op het beste uit onszelf te halen. Wij hebben de volmaaktheid nog niet bereikt. Er schuilen in ons kwaliteiten die, wanneer ze gewekt en ontwikkeld worden, ons nobeler, waardiger en nuttiger maken.

Christus legt zijn eigen Goddelijk leven in hen die Hem volgen. Hij wordt mens in hen. Van zichzelf hebben ze niet

De Tuin Van Het Hart

meer kracht, niet meer moed dan andere mensen. Maar in de genade van Christus kunnen ze dat volbrengen wat zonder Zijn hulp onmogelijk geweest zou zijn.

In een christelijk huis moet liefde wonen. Het moet een plaats van gebed zijn. Juist uit het gebed putten wij de zegen die we nodig hebben om ons huis licht en goed en zuiver te maken. Wij moeten zelf fatsoenlijk zijn en niet kijken of anderen dat wel zijn. Wij moeten zelf liefdevol zijn, oprecht en heilig.

Een tere groene rank kruipt traag
Maar onvermoeibaar en gestaag
Omhoog langs scherpe randen van een grauwe
En vervallen stenen muur, door nauwe
Scheuren die uiteindelijk verdwijnen
Onder een kanten sprei van fijne
Blaadjes en twijgjes. Onder dat kleed zo ongewoon
Verandert die sombere wand zo wonderschoon.
Laat in het leven zulke ranken groeien,
Laat door de scheuren van verdriet het goede bloeien.
Dat schoonheid bittere tranen mag stelpen,
Dat handen reiken om te helpen,
Voeten haasten zich tot hulpbetoon.
Een streling, tedere zorg biedt hoop,
Kan in moeiten uitkomst geven
In de oeverloze zee van ons leven.

Er zijn mensen die geloven, maar bijna niets doen. Zij echter die Christus oprecht liefhebben, onderscheiden zich juist door hun daden. Anderen horen, maar zij doen. Christus heeft een welbehagen in hem die Zijn wil doet. Zijn volgelingen worden niet de wereld in gezonden om eenvoudigweg te weten, te geloven, te dromen en in zijn naam een beroep uit te oefenen, maar om te handelen.

Ze waren er! Ze deden goed, maar stierven in vergetelheid.
Ze deden wat ze moesten doen en gingen
Naar het onbekende land.
Waren ze jong of oud, rijk of arm?
We weten maar één ding: ze waren er!
Toegewijd en trouw.
Ze hadden die ene zoete naam lief
En leefden voor God.
Hadden ze eer, roem en onderscheidingen?
Op aarde werd hun naam niet door glorie beschenen,
Maar in de hemelsferen staan hun namen
In het boek geschreven en
Is een plaats bereid voor allen
Die God welgevallig zijn.

Wanneer we het leven van Christus aandachtig bestuderen, ontdekken we dat altijd wanneer Hij mensen ontmoette die Hem kwaad wilden doen, Hij in hoge mate zacht en geduldig bleef. Hij liet zich niet ophitsen door het kwaad. Hij vocht

De Tuin Van Het Hart

Alexandra Fjodorvna en Tatjana

niet voor zijn rechten! Zonder klacht verdroeg hij onrechtvaardigheid en zelfs beledigingen. Het is onwaarschijnlijk dat ons iets dergelijks in het leven overkomt, dat een persoonlijke belediging en een onrechtvaardige behandeling ons niet zou raken. We worden niet altijd eerlijk en rechtvaardig behandeld. Er is altijd wel iemand die ons slecht of weinig begripvol bejegent, iemand die scherpe woorden spreekt en onze gevoelens kwetst. Veel mensen denken dat zachtheid en geduld met betrekking tot onrechtvaardigheid een teken van zwakheid is. Maar nee, dat duidt op kracht. Dat is waar een christen in zijn persoonlijke leven naar moet streven.

Zelfs dat wat ons niet aanstaat, moeten we met liefde en onverdroten ijver doen en we moeten ophouden te kijken naar dat wat we onaangenaam vinden. Wij moeten niet alleen hulp betonen wanneer het ons gevraagd wordt, maar zelf zoeken naar de gelegenheid om te helpen.

"Hebt uw vijanden lief en bidt voor wie u vervolgen" (Matt. 5:44). Wanneer we leren dat te doen, komen we dichter bij God. De christelijke liefde moet zich openbaren in de heilige dienstbaarheid, in de zorg voor anderen, in goedheid en bereidheid te helpen.

Wanneer onze liefde waar is en oprecht, dan is onze hoop altijd gevestigd op de hemel. Wat houdt dat gebed in? Het is dicht bij Christus zijn.

De Tuin Van Het Hart

Veelal vragen alledaagse dingen meer zegen van de hemel dan de grote zaken.

Om de grote hemelse trap van de liefde te betreden, moet je eerst zelf een steen worden, een trede van die trap, waarop anderen die omhoog gaan hun voet zullen zetten.

Deemoed is een van de meest edele deugden, maar deemoedig zijn betekent niet dat we vreesachtig in elkaar krimpen ieder keer dat we de stem van God horen.

Ieder heeft zijn plaats en ieder is belangrijk op zijn eigen plaats. Ook de kleinste en meest onbetekenende heeft zijn plaats en ook die kleine plaatsen moet voorzeker evengoed bezet worden als de plaatsen van de belangrijke en grote mensen.

Niemand verheugt zich over straf, maar achteraf danken we God ervoor dat Hij alles wat grof, vuil en nutteloos is uit ons weghakt en de schoonheid tevoorschijn haalt. Wij moeten de straffende hand niet wegduwen, die hand maakt ons klaar voor een waardig en waarachtig leven.

Wij zijn bouwers. Overal zijn mensenlevens als onvoltooide gebouwen en een ieder die er langs komt legt een steen in een muur of maakt er een versiering op. Iedereen met wie wij in aanraking komen, die een woord tegen ons zegt, ook al is het maar één, die oefent invloed op ons uit, ook al is het maar oppervlakkig. Hij laat in ons karakter een streepje schoonheid of een spoortje kwaad achter.

Onze ziel wordt gebouwd als een kerk,
Versierd met prachtig houtsnijwerk.
Daar valt de blik op een icoon,
Een donker raam dat wonderen toont
Of van de heilige waarheid gewaagt.
Zo kan het dat het kleinste bijdraagt
aan verandering en in ons
Schoonheid achterlaat of diepe wonden.

Alle gebouwen rusten op een fundament, maar iedere nieuwe steen is op zijn beurt weer basis en pijler voor andere stenen die van bovenaf neergelegd worden.

Wij zijn scheppers en ieder moet
Zo goed als hij kan bouwen
Aan zijn leven, alsof het een rotsblok is,
Door de mens goed of slecht gehouwen,
Maar alle worden saamgevoegd.

Het grootste probleem in het leven van een christen is te leven zonder te bezwijken onder kwade invloeden. Jezus zei

Sint-Petersburg, 1894

dat zijn discipelen het "*licht de wereld*" waren (Matt. 5:14). Hij wil dat wij ons licht laten schijnen op plaatsen waar het donker is, opdat wij anderen troost bieden en de bedrukten bemoedigen. De Heer wil dat Zijn vrienden, omringd door kwaad, in staat zijn de wereld te zuiveren, dat ze troost brengen in een wereld van gebrek en verdriet.

De betekenis van iedere daad wordt bepaald door moraliteit, die is leeg en ijdel of bovenaards. De farizeeën stonden uitvoerig te bidden en demonstreerden daarmee voor iedereen hun 'enorme vroomheid'. Maar Jezus, die het hart van de mensen doorziet, noemde hen huichelaars. "*Niet ieder die tot Mij zegt: Here, Here, zal het Koninkrijk der Hemelen binnengaan.*"(Matt.7:21). De opdracht in het leven van een christen is om niet te vluchten voor verleidingen, niet proberen te ontkomen aan onrechtvaardigheid en vijandschap, maar in alle beproevingen, zelfs wanneer die ons als een golf overspoelen, in ons hart zuiverheid, warmte, oprechtheid en liefde te bewaren. Sommige mensen lijken voorbestemd te zijn voortdurend kwaad te moeten verduren. Zij kunnen deze situatie niet veranderen. Zelfs in hun eigen huis heerst een sfeer van vijandigheid. Steeds zijn er in hun leven omstandigheden waardoor ze verbitterd kunnen raken. Deze mensen worden onrechtvaardig en oneerlijk behandeld. Gedurig krijgen ze scherpe woorden te horen. En alleen zolang ze in hun hart de liefde bewaren zijn ze onkwetsbaar. Liefde was de schuilplaats van Christus te midden van alle haat en kwaad die Hem als de golven van de zee omringden. Wanneer uw ziel in de voortreffelijke haven van de liefde ligt bent u veilig.

Alexandra Fjodorvna met haar oudste dochters Tatjana en Olga (staand) in verpleegstersuniform

Hij laat verleidingen in ons leven toe omdat er geen andere manier is om ons sterk te maken, maar nooit ligt het in Zijn bedoeling dat we er voor bezwijken. Hij wil dat we verzet plegen, de verleiding overwinnen, Hij wil ons geen enkele schade toebrengen.

Ik had hem moed in kunnen spreken
Toen onze paden elkaar kruisten.
Zijn sombere gestalte kan ik niet vergeten,
Hoe had ik kunnen weten,
Dat dit moment zou zijn het enig juiste
Dat mij voor hem gegeven is.
Nu weet ik woorden om te spreken,
Te laat, nu hij niet meer in leven is.
Toch had ik toen wel moeten zien
Hoe hij naar mijn liefde smachtte
Schaamte of trots deed mij toen wijken
In plaats van hem de hand te reiken.
Ik was er wel, vol levenslust en kracht
Maar toch, hoe blind was ik die dag.
Hij keek me aan, slechts even, en nadien
Glipte hij weg, een schaduw die ik zag
Hij zag geen uitkomst, nergens licht,
Een blik, een woord tot hem gericht
Was niet genoeg, zijn leven ging verloren,
kostbare talenten die hem toebehoorden.
Nu huil ik tranen die vergeefs en zinloos zijn,
Als lichte regen op het zand van de woestijn.

We beseffen vaak niet hoe ons gezicht als daar vrede en rust op ligt, anderen kan bemoedigen en kracht geven. Een gezicht dat straalt van vreugde, waarop het licht van het geloof glanst, is voor ieder die het ziet een getuigenis van de liefde, vrede en kracht van Christus.

In wezen is het niet gemakkelijk in de drukte van alledag, in het lawaai en de onrust, de Goddelijke vrede en Geest van Christus te brengen. Eigenlijk is ons leven gevuld met zorgen en strijd, wij kunnen ons geen paradijs creëren. Hoe hard we het ook proberen, er zijn altijd weer inzinkingen en nederlagen, we zullen altijd fouten maken en in dit aardse leven bereiken we ons ideaal niet.

De Almachtige bedekt ons met Zijn schaduw. Waar we ook zijn of heen gaan, overal en altijd zullen we de liefde Gods ontmoeten.

Ook is er de belofte van bescherming. Wij zijn er van overtuigd dat God ons altijd in het oog heeft, bij iedere stap die we hebben te zetten in deze wereld. Maar we hebben hulp nodig, evenzeer in onze geestelijke ontwikkeling en ook daarin is de hulp van de Hemel. *"De Here zal u bewaren voor alle kwaad."* (Ps. 121:7). God zelf blijkt een schuilplaats voor de mensen. *"Standvastige zin bewaart Gij in volkomen vrede, omdat men op U vertrouwt. Vertrouwt op de Here voor*

immer, want de Here Here is een eeuwige rots." (Jes. 26:3 en 4). God is een beschermer. De almacht van God de is muur in de schuilplaats. En wij moeten met ons hart en verstand toegewijd zijn aan God. Dat betekent geloof. Wij moeten zonder voorbehoud vertrouwen op God, uitzien naar Zijn hulp. Dat is de betekenis van "zich op God verlaten", een absoluut vertrouwen en volkomen gehoorzaamheid. Dan zal er in de ziel volledige en volmaakte rust heersen.

De voorzienigheid Gods vrijwaart ons niet van verleidingen. Wij moeten allemaal de verzoekingen leren kennen, de zwakheid en hopeloosheid van het leven. Maar door toe te laten dat we in de bekoring komen, wil God zeker niet dat we zondigen. De verleiding is de zonde niet. Wanneer God de verleiding gedoogt, betekent dat dat wij haar moeten overwinnen en krachtiger moeten worden.

De Bijbel bevat verheven geestelijke lessen, die erop gericht zijn de bewerkte aarde in een Hemelse tuin te veranderen. Het woord van Christus moet zijn werk van binnen doen, daarom moet het in ons hart terechtkomen en wij moeten Hem toestaan in ons te wonen, we moeten dat woord in ons hart ontvangen.

We moeten de Bijbel met wijsheid bestuderen. We moeten haar nauwlettend bestuderen, omdat elk deel ervan nuttig is te onderrichten, op te voeden, te troosten en te helpen. Het

Grootvorstin Tatjana Nikolaevna Romanova, 1910

woord van God is een lamp. Waar ze ook schijnt, ze verlicht iedere onvolkomenheid, iedere vlek en slechte gewoonte in hart en leven. Waar ook het woord van Christus weerklinkt, ze legt gebreken bloot en wast ze weg.

Het woord van Christus is het zaad uit de Hemel. Het is gezaaid in onze wereld en nu groeit het overal waar het orthodoxe evangelie verspreid wordt. Het leven van iedere orthodoxe christen is als een kleine tuin waarin liefde, vreugde en vrede groeit, lankmoedigheid en zachtheid en goedheid en andere geestelijke kostbaarheden.

Aan een huis is te zien wie de vrouw is die het heeft ingericht. In bepaalde huizen hangt altijd een wat sombere sfeer. Sommige religies maken hard en naargeestig. Maar zo is dat niet bij het christelijk geloof. De religie die door het woord van Christus geïnspireerd is, is zonnig en vreugdevol.

Als het woord van Christus in ons woont, dan zet het ons aan om anderen te helpen. Wij moeten gedurig bidden dat God ons het vermogen geeft de zwakken te ondersteunen met Zijn woorden. De mogelijkheden mensen te helpen, door eenvoudigweg met hen te praten, zijn bijna onbegrensd. Iemand die met overtuiging kan spreken, dat is ieder die kan spreken met de taal van de liefde, kan anderen inspireren tot goede en voortreffelijke daden, hen troosten in hun verdriet, de moedeloze bemoedigen en de ongeoefenden bijlichten. Op duizenden manieren kun je je naaste helpen.

Vreugde is het kenmerk van een christen. Een christen moet nooit tot somberheid vervallen, nooit twijfelen aan de overwinning van het goede op het kwaad. Een huilerige, klagende en angstige christen verraadt het woord van zijn God. Via ontelbaar veel wegen verschijnt het woord van Christus in het leven en raakt het hart. In rampspoed brengt het ons troost, in momenten van zwakte geeft het ons kracht. Het doet het gezicht glanzen, maakt van mannen patriotten en maakt vrouwen geduldig en goed. Het brengt zegen in het huis en schoonheid in het leven.

Het belangrijkste werk dat een mens mag doen voor Christus is dat wat hij in zijn eigen huis moet doen. De man heeft zijn plicht, belangrijk en ernstig, maar degene die echt een thuis maakt, is de moeder. Door haar manier van leven geeft zij het huis haar eigen sfeer. God komt voor het eerst tot kinderen door de liefde van de moeder. Het gezegde: "Om dichter bij de mensen te komen schiep God de moeder" is een schitterende gedachte. De moederliefde is als de vleesgeworden liefde van God en zij omringt het leven van een kind met tederheid. Er zijn moeders die heel toegewijd van hun kinderen houden, maar die vooral aan aardse zaken denken. Ze buigen zich liefdevol over hun kinderen wanneer ze pijn hebben. Ze werken hard en ontzeggen zich alles om hun kinderen fatsoenlijk te kleden. Ze beginnen al heel vroeg hun stapje voor stapje van alles te leren en zijn voortdurend bezig hun verstandelijke vermogens te ontwikkelen, zodat ze te zijner tijd een achtenswaardig plaats in de maatschappij kunnen innemen. Maar aan de geestelijke ontwikkeling van hun kinderen besteden ze geen enkele aandacht. Ze onderwijzen hen niet in de vreze des Heren. Er zijn huizen waarin opgroeiende kinderen die hun vader of moeder nooit hebben horen bidden en die geen enkel geestelijk onderwijs ontvangen. Maar er zijn ook huizen waar de lamp voortdurend helder brandt, waar doorlopend in liefdevolle woorden over Christus gesproken worden, waar kinderen vanaf hun prille jeugd leren dat God van hen houdt, waar ze leren bidden als ze nog maar net wat beginnen te brabbelen. En vele jaren later zal de herinnering aan die heilige momenten nog leven, de duisternis met een lichtstraal verbreken en iemand bezielen in tijden van wanhoop, het geheim van de overwinning openbaren bij zware strijd, en de engel Gods zal helpen de zware verzoeking te overwinnen en niet in zonde te vallen.

De omgeving is voor kinderen van levensbelang. Wij begrijpen nog niet ten volle van hoeveel belang de sfeer in huis is voor de vorming van hun karakter. De allereerste plaats waar ons geleerd wordt wat waarheid, eerlijkheid en liefde is, is ons huis, voor ons de meest eigen plaats in de wereld.

Ouders zijn voor een kind een oord waar het zorgeloos bloemen kan strooien op de zware levensweg. De liefde van

De kinderen van de tsaar

ouders moeten kinderen terugbetalen met eenzelfde liefde en dankbaarheid gedurende de rest van hun leven, tot het einde van hun dagen.

Hoe gelukkig is het huis waar allen, ouders en kinderen, zonder uitzondering samen geloven in God. In zo'n huis heerst de vreugde van vriendschap. Zo'n huis is als het voorportaal van de hemel. Daar voelt iedereen zich thuis.

Iedere nieuwe vriend die in ons leven komt vertrouwt ons. Het meest juiste begrip van vriendschap is dat ze ons in de gelegenheid stelt te dienen, te helpen en de ander te beschermen. Het moment dat een nieuwe vriend in ons leven verschijnt is een heilig moment. Het gaat om nog een leven dat aan ons toevertrouwd wordt, opdat wij tot zegen kunnen zijn, schoonheid kunnen geven, tot schuilplaats en bescherming zijn.

Onze Heer wil dat wij het vertrouwen niet beschamen. Trouw is een groot woord. *"Weest getrouw tot de dood en u zal gegeven worden de kroon des levens."* (Openb. 2:10). Vergeet jezelf en denk aan anderen. Wanneer iemand uw goedheid nodig heeft, betoon hem dan terstond goedheid. Meteen, morgen kan het te laat zijn. Wanneer het hart verlangt naar bemoedigende woorden, woorden van erkentelijkheid, van steun, zeg die woorden vandaag nog. De narigheid van te veel mensen is, dat hun dagen gevuld zijn met lege woorden en onnodig zwijgen, dat ze de zorg voor iemand uitstellen. We kunnen onszelf niet genoeg voorhouden dat het vaak zo is, dat als we iets niet meteen doen, we het helemaal niet meer hoeven te doen. We moeten niet weglopen voor onze verplichtingen, hoe onaangenaam ze ook mogen zijn. Een niet nagekomen verplichting laat op die dag een gevoel van leegte achter, maar later komt het gevoel van spijt. Doe elk moment in je leven wat nodig is. Iedere dag dat we iets doen wat goed is in Christus, verheft ons en legt de lat voor ons lot hoger.

Wij moeten op onze plaats blijven, onze plichten vervullen, onze last dragen en de wil van God doen. Dit is het pad naar de innerlijke rust.

De rust die God ons geeft is geen uiterlijke rust, niet de rust van nietsdoen, maar de rust van de ziel. Wij kunnen het genot ervan ten volle smaken en tegelijkertijd onafgebroken werken en pijn en lijden verdragen. De grootste christenen die de wereld ooit gekend heeft hadden onnoemelijk veel leed te dragen, maar ondertussen was er niets dat hun innerlijke rust kon verstoren. Alleen degene in wiens geest vrede heerst kan zijn werk goed volbrengen, de onrustige geest is niet geschikt voor goede werken. Zoals de profeet zegt: *"Door te blijven op uw plaats ('door bekering' vertaling 1951) en rust zoudt gij verlost worden, in stilheid en vertrouwen zou uw sterkte zijn."* (Jes. 30:15). Onrust maakt ons zwak. Wanneer we ons zenuwachtig maken, gehoorzamen onze handen ons niet en kunnen we ons werk niet goed doen. Een gespannen geest kan niet goed nadenken. Zelfs ons geloof wordt er door aangetast, we verliezen ons fundament in Christus en in de eeuwige waarden. Het geestelijk leven is niet diep genoeg, het lijkt meer op een luidruchtige, klaterende en spetterende stroom, dan op een stil en rustig meer, waarvan de vredige diepten niet in beroering komen door een storm aan de oppervlakte. Rust is een geschenk van God, maar tegelijkertijd moet je die ook verwerven. We moeten ons die eigen maken door het juk van Christus op ons te nemen. Het juk van Christus is het beeld van ootmoed voor Hem.

Iedere aanvechting is een les. Alle christelijke deugden moeten we ons eigen maken, niemand heeft ze van zichzelf. De heilige apostel Paulus zei: *"want ik heb geleerd met de omstandigheden waarin ik verkeer genoegen te nemen"* (Fil.4:11). Zo moeten ook wij leren geduldig te zijn, lankmoedig, beleefd te antwoorden op scherpe, onbillijke woorden en beledigingen. Wij moeten leren degenen die ons beledigden te vergeven. We moet leren onzelfzuchtig te zijn. Het moeilijkste wat een mens heeft te overwinnen is zichzelf.

Onverwacht gevaar moet ons geen schrik aanjagen, maar moet ons leren geen verschrikkingen te vrezen, omdat God ons beschermt. God waakt over ieder schaap van zijn kudde: *"Leert van Mij (...) en gij zult rust vinden voor uw zielen"* (Matt. 11:29).

De grootvorstinnen Maria en Anastasia

God vertroost. Hij is altijd teder en vol van medelijden met menselijk lijden en pijn. Wanneer we de Bijbel lezen vinden we daar, van het begin tot het eind, woorden van troost. Op iedere bladzijde laat God de mensen weten dat Hij van hen houdt, dat Hij hun Vriend is en dat Hij het goede voor hen zoekt. In de Schriften staat niet één hoofdstuk dat ons niet op één of andere manier iets laat zien van de Goddelijke genade. Dit is wat de Bijbel zo'n kostbaar boek maakt voor ieder die de moed verloor, gekwetst is, ontgoocheld, eenzaam en uitgeput in de strijd. De Bijbel is als de moederborst, waar we ons tegenaan kunnen vlijen in tijden van pijn en radeloosheid.

Troost bieden vereist grote wijsheid. Sommige mensen die anderen willen troosten, slagen niet in hun pogingen daartoe. In het laatste hoofdstuk van het grote boek van de profeet Jesaja komen voortreffelijke woorden tot ons. God zegt over de terugkeer van zijn weldadigheden voor zijn volk na de ballingschap: *"Zie ik doe haar de vrede toestromen als een rivier en de heerlijkheid der volken als een overvolle beek, tot uw verblijding"* (Jesaja 66:12). Verder vervolgt Hij: *"Zoals iemands moeder hem troost, zo zal Ik u troosten en gij zult getroost zijn"* (13).

In heel de Schrift is geen woord te vinden
Dat zoeter kan klinken,
Dat herinnering aan de goede dagen van weleer
In onze zielen kan wekken,

Dan het woord van onze Heer
Wanneer Hij het geloof versterkt
En ons rust belooft
Als een moeder die ons troost.

Verdriet in een huis brengt de huisgenoten dichter bij elkaar. Het maakt mensen geduldiger naar elkaar, vriendelijker, zorgzamer en trouwer. Beproevingen worden ons niet gestuurd om ons kapot te maken. Wij moeten echte mensen worden. God wil ons zuiveren van alle kwaad en ons op Hem doen lijken. En vaak doet Hij dat door ons aan bittere beproevingen te onderwerpen. God doet dat vaak met de menselijke ziel, omdat die ziel niet is zoals hij behoort te zijn. Aan de buitenkant kunnen mensen schitterend lijken, maar vanbinnen klinkt geen Goddelijke muziek. Het ontbreekt hen aan geestelijke waarden, aan het verlangen op Christus te lijken. Dan verpletterd God hen onder smart en lijden, en uit de scherven van hun eerdere leven schept Hij een nieuw leven, dat eer, hoogheid en zegen waardig is. Er is veel verdriet op de wereld. Veel mensen verliezen de moed en juist zij hebben de vertroosting van God nodig. We moeten niet wanhopen, welke beproeving er ook op ons pad komt.

Wanneer God in de Hemel is, is op aarde alles in orde.

Niemand verdient groter beloning dan de vredestichters. *"Zij heten zonen Gods"*, zei de Heer (Matt. 5:9). Het eeuwig verlangen van God is dat zijn kinderen Zijn liefde en genade aannemen en zij Zijn medewerkers zijn. Vredestichter zijn is een hoogverheven taak, die ieder die in Christus gelooft, toegedaan moet zijn. De zegen voor een vredestichter is zo groot en verheven, dat ieder er naar moet streven die waardig te zijn.

Jezus vraagt niet alleen liefde als een prachtig gevoel, maar liefde die het totale leven van alle dag binnendringt en zijn uitwerking heeft op de verhouding met alle mensen.

Het hart van een christen moet een bron zijn die de genade Gods bevat en alleen liefde geeft, geen bitterheid en verbolgenheid. Ieder christen moet kwaadsprekerij in de kiem smoren.

Elke vredestichter die probeert mensen dichter bij elkaar te brengen en bij ruzies en onenigheden de partijen te verzoenen, doet het Goddelijk werk van liefde in de wereld. De meeste ruzies tussen mensen zijn nutteloos. Ze ontstaan door bemoeienis van anderen of door ondoordachte woorden of door de doorwerking van onbeleden zonden. Het woord van een vredestichter op het goede moment kan onenigheid voorkomen! Er is nog een mogelijkheid de naam van vredestichter te verwerven: door het verspreiden van de christelijke liefde. Dat kunnen we doen door in ons eigen leven het goede voorbeeld te geven, door waar we

De grootvorstinnen Maria, Tatjana, Anastasia en Olga Nikolaevna (van links naar rechts), 1914

ook zijn en hoe kwalijk men ons ook behandelt, geduld, zachtmoedigheid en zelfbeheersing aan de dag te leggen. Het is gewoon een wonder, hoeveel één goeds mens kan doen door met heldere stralen van liefde de atmosfeer in heel zijn omgeving te veranderen.

Heb lief. Kijk om je heen en sta hen bij
Die in het leven naast je gaan.
Verrijk hun dagen, maak hun uren blij,
Opdat zij in de stormen blijven staan.
Heb lief. Kijk om je heen, zie hoe je broer
Ten einde raad de weg dreigt kwijt te raken.
Reik hem je hand, hij zal ontroerd
Een nieuw begin gaan maken.

We moeten ons altijd afvragen of onze hulp aan een ander hem enig nut brengt, hem iets leert, zijn karakter ten goede verandert, hem moediger maakt, sterker, oprechter en gelukkiger. Veel mensen op de wereld zijn tot wanhoop vervallen en wij moeten in staat zijn een woord van hoop tot hen te spreken, het goede voor hen te doen dat hen uit de uitzichtloosheid leidt en hen de kracht geeft terug te keren tot de vreugde van het volle leven. Het grootste op aarde is de liefde.

We moeten er naar streven dat alles wat we doen in ons leven tot zegen van andere mensen is. We moeten zo leven dat we niemand schade berokkenen, dat ons leven tot voorbeeld voor anderen dient.

Iedere dag is een miniatuur van ons leven. Als we, terwijl we de dag doorbrengen, zouden bedenken dat alles wat we doen of zeggen, en zelfs dat wat ons niet lukt te doen of te zeggen, bekend is bij God, dan zouden we ons doen en laten zorgvuldiger afwegen. Jezus zei dat we rekenschap moeten geven van elk ijdel woord dat we ooit spraken. (Matt.12: 36). Iemand zei ooit dat het geheim van een gelukkige oude dag 'een goed verleden' is. "Het geheim van vandaag is een goed bestede dag van gisteren."

Bloeiende doornen

Gezegend is alles wat de mens lankmoedig maakt, tot welke prijs we dat ook bereikt hebben. Bepaalde mensen kunnen geen eer verdragen. Zelfs de geringste onderscheiding brengt hun het hoofd op hol. Maar geestelijke trots put uit. We weten niet hoeveel lijden en verdriet wij, achtenswaardige mannen en vrouwen, verschuldigd zijn. De hoogste gedachten, de rijkste lessen en de meest wonderschone liederen die uit het verleden tot ons kwamen, zijn vruchten van pijn, onmacht en lijden. We moeten niet vergeten dat de verlossing van de mensheid tot ons kwam door het Kruis van de Zoon Gods. De vruchten van het aardse lijden mogen bitter smaken, maar alleen daardoor wordt de menselijke geest gevoed. Oeroude overleveringen vertellen hoe tijdens de gehele Lijdensweek een doornenkroon op het altaar lag, maar dat hij op Paasmorgen veranderd bleek in een bloemenkrans met welriekende rozen, elk doorntje was veranderd in een roos. Zo verandert ook al het aardse lijden door de warmte van Goddelijke liefde in een rozentuin. Er is geen mens die zich niet pijn doet aan zijn stekels. Bij de één kan dat een lichamelijke zwakte of gebrek zijn. Bij een ander een mismaaktheid die onmogelijk weggenomen kan worden. Het kan een omstandigheid zijn die belemmerend werkt in het leven. Een zekere jongeman vindt de plaats waar hij werkt ondraaglijk en de mensen waar hij daar mee omgaat *"slechts vlees"* (Gen. 6:3). Hij is de enige christen onder hen en ze doen er alles aan om te zorgen dat hij zijn geloof kwijt raakt. Maar misschien heeft God hem juist op die plek aangesteld en heeft die man juist die vijandige omgeving erg nodig om zijn betere kanten naar voren te doen komen. Of God heeft hem daar nodig als Zijn getuige. Het besef dat hij daar de enige is die in God gelooft, legt een zware verantwoordelijkheid op zijn schouders. Hij kan die plaats niet verlaten, het is zijn plicht daar te blijven en alle beproevingen te doorstaan of om zijn eigen leven te zuiveren, of omwille van Christus Zijn Naam te belijden. Door de Geest Gods die in ons woont is het mogelijk in waarheid te getuigen voor God en de hele wereld. Dat we de Geest van God in ons hebben, die schat aan goedheid, die ons reinigt van alle vuiligheid en alles vol maakt, is de allergrootste eer die de Hemel ons op deze aarde kan betonen. Maar er dreigt gevaar wanneer wij beginnen te beseffen dat we een rechtschapen leven leiden, dat er een glans op ons gezicht ligt, dat het werk dat we doen God welgevallig is. Mozes was veertig dagen met de Heer op de berg. Toen hij afdaalde naar het volk zagen ze dat zijn gezicht straalde, maar hij zag het niet (Ex. 34:29) Het geheim van zijn grootheid was zijn nederigheid, dat hij

De grootvorstinnen Maria, Tatjana, Anastasia en Olga Nikolaevna (van links naar rechts), 1914

vergat dat zijn gezicht straalde. Als hij zich bewust zou zijn geweest van het grote wonder dat anderen zagen, zou de grootsheid ervan verbleken. De kracht van aanbidding is dat het van zichzelf af gericht is. De gevaarlijkste zonde waarin ijverige, weldenkende en zeer nuttige christenen kunnen vallen is geestelijk trots. Wanneer we daarover nadenken is het niet moeilijk te begrijpen aan welk gevaar de heilige Paulus blootstond na zijn opmerkelijke geestelijke verhoging. En het hoeft ons niet te verbazen dat hem een pijnlijke beproeving gezonden werd, om evenwicht te brengen in zijn geestelijke vlucht opwaarts en tegelijkertijd hem dichter bij de aarde te brengen. Laten we ons daarom niet verwonderen wanneer ook wij op die manier, nadat we de allergrootste genade van God ervaren hebben, ook beproevingen op ons pad ondervinden, opdat we onze nederigheid niet zullen verliezen. De heilig apostel Paulus zegt dat hij zich verheugt over de beproevingen. Maar aanvankelijk verheugde hij zich niet, maar bad hij de Hemel hem ervan te bevrijden. Toen God hem ervan overtuigde dat die beproeving hem tot zegen was en dat ze hem gezonden was tot zijn versterking en dat hij die nodig had, toen legde hij zich erbij neer. In feite schikte hij zich snel, hij aanvaardde haar en beklaagde zich niet meer. Dat is de enige juiste manier om met elke onaangename, pijnlijke situatie die we niet kunnen veranderen om te gaan. Ze komt in ons leven door Goddelijke rampspoed en om reden die Hij alleen kent. We moeten haar overwinnen, haar met heel ons hart aanvaarden en beseffen dat ze ons van Christus gegeven is. Hoezeer ze ons ook kwelt, ze zal onze ziel tot nut zijn als we haar op die manier aanvaarden. God stuurt ons zijn genade ook in de vorm van doornen en wij

De Tuin Van Het Hart • 131

zullen veel missen als we die weigeren. Zo zijn er veel mensen, die zo druk met zichzelf bezig zijn, dat er geen tijd meer voor Christus overblijft. Konden ze maar van hun egoïsme bevrijdt worden, dan zou God hen vullen met Zichzelf, en ze zouden buitengewone kracht ontvangen om het goede te doen in de wereld. Wij kunnen de veredeling van ons leven veilig aan Hem toevertrouwen. Hij weet wanneer we pijn nodig hebben, verlies moeten lijden, dat is de enige manier om haar te verwerven, wanneer lijden onvermijdelijk is om ons op Zijn weg te bewaren. Het is Zijn genade als Hij ons zorgen stuurt en wij verspelen die wanneer we wanhopen en onze doornen weigeren. Het christelijk geloof is een geloof van vreugde. Om de een of andere reden denken veel mensen dat een gelovig leven niet vreugdevol kan zijn. Ze begrijpen dat het noodzakelijk is dat ze zich bekeren, maar ze kunnen zich niet voorstellen dat dat hun vreugde kan geven. Maar in wezen is er geen dieper en vreugdevoller leven mogelijk dan een leven van zelfopoffering in dienst van Christus.

De toekomstige tsarina Alexandra Fjodorvna Romanova

Geachte Lezer

Allereerst willen we u danken voor de aanschaf van dit boek.

Uitgeverij Glagoslav heet u graag welkom in haar boekwinkel die, naar wij hopen, een bron van kennis en inspiratie voor u zal zijn.

Ons streven is de schoonheid en de diepte van de Slavische wereld te tonen aan ieder die zijn horizon wil verleggen en iets nieuws wil leren over andere culturen en andere mensen. We zijn er zeker van dat we daarin met dit boek geslaagd zijn.

Nu u met ons kennisgemaakt hebt, willen we u ook graag leren kennen. Wij stellen het contact met onze lezers zeer op prijs en horen graag iets van u! Daartoe bieden we u verschillende mogelijkheden:

- U kunt lid worden van onze boekenclub op Goodreads, LibraryThing en Shelfari en ontvangt speciale aanbiedingen en informatie over onze relatiegeschenken;
- Ook kunt u uw mening over onze boeken delen op Polare, Bol, Ako, Bruna, Amazon, Barnes&Noble, Waterstones en andere boekwinkels;
- Wanneer u ons toevoegt op Facebook en Twitter krijgt u de updates van onze publicaties en nieuws over onze auteurs;
- Ten slotte: bezoek onze website www.glagoslav.nl om onze catalogus te bekijken en u te abonneren op onze nieuwsbrief.

Uitgeverij Glagoslav maakt zich op voor het uitbrengen van een nieuwe collectie en heeft een aantal interessante verrassingen voor u in petto. Laat die niet aan u voorbijgaan en houd contact!

E-mail: contact@glagoslav.com
www.glagoslav.com

GLAGOSLAV PUBLICATIONS
www.glagoslav.com

UITGEVERIJ ORTHODOX LOGOS
www.orthodoxlogos.com

www.ingramcontent.com/pod-product-compliance
Lightning Source LLC
Chambersburg PA
CBHW051526220426
43209CB00104B/1592